Silke Wagner

Ahnentango

Eintauchen in die Urkraft der Ahnen

Smaragd Verlag

Die in diesem Buch enthaltenen Informationen sollen der Aufklärung die-
nen und ersetzen keine medizinische Diagnose, ärztliche Verordnung oder
Behandlung. Sie ersetzen auch nicht den Besuch bei einem Arzt oder Heilpraktiker. Der Inhalt ist allenfalls als Begleitung und Ergänzung zu einem vernünftigen und verantwortungsvollen Gesundheitsprogramm gedacht. Autorin und Verlag übernehmen für unsachgemäßen Gebrauch keine Haftung.

Bitte fordern Sie unser kostenloses Verlagsverzeichnis an:

Smaragd Verlag e.K.
Brückenstraße 25
D-56269 Dierdorf
Tel.: 02689-92259-10
Fax: 02689-92259-20
E-Mail: info@smaragd-verlag.de
www.smaragd-verlag.de

Oder besuchen Sie uns im Internet unter der obigen Adresse und melden Sie
sich für unseren Newsletter an.

© Smaragd Verlag, 56269 Dierdorf
Erste Auflage: September 2019
© Cover: Benjamin Haas - fotolia
Umschlaggestaltung: preData
Satz und Innengestaltung: Gaby Heuchemer
Druck: CPI books GmbH, Leck
ISBN 978-3-95531-187-2

Für Guido

*Für jedes gemeinsames Lachen, gemeinsames Weinen
und unsere tiefen Gespräche.
Du bist viel zu früh von uns gegangen,
der Schock bei uns, die du zurückgelassen hast,
so plötzlich und unerwartet, sitzt tief!
Wir vermissen dich alle sehr –
In unserem Herzen lebst du ewig weiter!*

Inhalt

Vorwort von Martin Zoller

Die Welt der Ahnen, ein Spiegel unseres Wesens

Im deutschsprachigen Raum haben viele Menschen unendliche Mühe, sich den Ahnen verbunden fühlen zu dürfen. Deutschland suhlt sich masochistisch in seiner Vergangenheit, einem Priester gleichend, der sich mit einer Peitsche selbstkasteiend peinigt. Der Grund dafür ist historisch bekannt, leider ist dieses Verhalten für die bewusste Integrierung der Ahnenwelt offensichtlich mehr als schädlich. Was auch immer die Ahnen durchlebten, um das gesamte Wesen in uns bewusst ausleben zu können, muss mit der Ahnenwelt Frieden gemacht werden. Sie sind ein Teil unseres Wesens, nichts und niemand ist perfekt, Fehler werden gemacht, und Verzeihung ist des weisen Menschen stärkstes Handeln. Verzeihung führt zu Heilung und zur Normalisierung mit der Ahnenwelt.

Sich den Vorfahren verbunden zu fühlen wird somit sehr oft als politisch unkorrekt gesehen, dabei sind es gerade unsere Ahnen, denen wir eigentlich zu Dank verpflichtet sein müssten. Ihnen verdanken wir es, dass wir überhaupt hier sind. Dank ihres Einsatzes dürfen wir heute in einer Gesellschaft leben, die uns sehr viel philosophische, spirituelle, künstlerische und/oder auch wissenschaftliche Freiheit gibt.

Wir sind die Summe unserer Vergangenheit. Nicht nur kulturell, auch seelisch tragen wir den spirituellen DNA-Samen sämtlicher vorhergegangener Generationen in uns. Sich des Ursprungs der eigenen Seele bewusst zu werden bedeutet, den Ahnen den nötigen Respekt zu zollen.

Sprache, Kultur, Religion, mystische Zeremonien oder Rituale und familiärer Zusammenschluss sind das Rückgrat jeder ganzheitlichen Entwicklung.

In vielen, noch ursprünglichen Kulturen ist Respekt für die Ahnen ein grundlegender Stein für die Familie, den Stamm oder das Volk. Während schamanistischer Zeremonien im tiefen Amazonas Ecuadors und Boliviens durfte ich auf einzigartige Weise erleben, wie sich unsere Ahnen manifestieren können, um uns auf dem Lebensweg zu begleiten und zu unterstützen.

Wir sind unseren Ahnen zu ewigem Dank verpflichtet!

Silke Wagner ist eine einzigartige Freundin mit einem tiefen Verständnis für Familie, Freundschaft und die Geistige Welt. Ihr intuitiver Einblick in die Geistige Welt erlaubt ihr tiefstes Verständnis hinter Raum und Zeit, dort, wo unsere Ahnen sich befinden und damit die Ursprünge unserer geistigen DNA.

Ich kenne Silke nun schon einige Jahre und durfte auch ihre Familie kennenlernen. Die Art und Weise, wie Silke mit ihrer Familie umgeht und von ihren Vorfahren spricht, zeigte mir, dass es keine Bessere als sie geben kann, um dieses sehr emotionale und für uns so wichtige Thema aufzugreifen und auf eine sehr feinfühlige und verständnisvolle Weise den Leserinnen und Lesern näherzubringen.

Liebe Silke, ich wünsche dir mit diesem schönen Buch viel Erfolg! Mögen sich viele Menschen von deiner Weisheit inspiriert fühlen!

Salzburg, 31. Mai 2019
MARTIN ZOLLER

Mein eigenes Vorwort

Liebe Leserinnen und Leser,

es war mal wieder so weit: Ein neues Buchprojekt wollte geboren werden. In mir schlummerte schon lange die Idee, meine persönlichen Übungen und Erfahrungen von meinen Ahnenseminaren zusammenzutragen.

In vielen Kulturen wird die Ahnenarbeit heute noch als ein wichtiger Baustein des Alltags gepflegt. Denken wir doch nur an die alten Indianerfilme zurück, die wir in unserer Kindheit gesehen haben.

Hier wird von den Indianern vor allen wichtigen Entscheidungen der Spirit ihrer Ahnen befragt. Aber auch in Asien und Afrika werden die Ahnen durch Opfergaben und Zeremonien gewürdigt. Leider ging dieses Wissen in Europa, hauptsächlich durch die Kirchen, verloren. In dem Zusammenhang ist es spannend, dass in Afrika, nachdem die Missionare dort ihre Arbeit aufgenommen hatten, der Ahnenkult nur noch versteckt ausgeübt wurde, da das Christentum dies nicht duldete.

Lange Zeit war selbst mir nicht klar, was für ein wichtiger Baustein die Arbeit mit den Ahnen ist, um Blockaden zu lösen. Das hat sich erst mit der Zeit und durch kontinuierliche Ahnenarbeit herausgestellt.

Wir bilden mit den Ahnen eine Kette der Verbundenheit, die besonders eng mit den sieben Generationen direkt vor uns geknüpft ist. Nicht nur in puncto Spiritualität, Beziehungsmuster, Finanzen, Erbschaftsstreitigkeiten u.a. – nein, das Unglaubliche ist, dass sich menschliche Dramen, Verwicklungen, Krankheiten mindestens einmal in der Ahnenreihe in den sieben Generationen wiederholen.

Vorahnungen oder „ich ahne etwas" haben den gleichen Wortstamm wie das Wort Ahnen. Oft ist uns das gar nicht bewusst.

Ich biete regelmäßig Wochenenden mit Ahnen-Aufstellungen an und bin immer wieder erstaunt, wie sehr sich der Aufstellende hier wiederfindet, und obwohl ich in der Regel nichts über seine Problematik weiß, entdecke ich irgendwie immer genau das über die Ahnen, was den Aufsteller in seinem Leben belastet.

Auch wenn ich in diesem Buch viele Episoden aus den medialen Ahnenaufstellungen erzähle, heißt das nicht, dass du jetzt unbedingt auch solch eine Aufstellung brauchst, sondern ich möchte dich dazu animieren, dieses Thema überhaupt anzugehen. Du findest hier im Buch zahlreiche Übungen, die du gut alleine durchführen kannst.

Wenn wir in der Ahnenreihe in der 7. Generation etwas auflösen, geht ein Ruck durch die ganze Ahnenreihe. Besonders wenn man emotionale Dinge löst, fühlen sich umgehend alle leichter, und die Leichtigkeit hält insbesondere beim Aufzustellenden weit über das Wochenende hinaus an.

Das ist ein Phänomen, das mich immer stärker beschäftigt.

Wie kann das sein? Alles ist Energie, wie wir aus der Physik wissen. Tisch, Stuhl, ja sogar wir selbst bestehen aus zig Atomen. Nichts ist, wie es scheint.

Sind das wirklich nur Prägungen, die wir von unseren Ahnen mitnehmen, oder steckt da noch mehr dahinter?

Ich glaube, Ahnenarbeit ist ein Geschenk für alle Beteiligten, sofern man sorgfältig arbeitet. Und ich glaube auch, Ahnenarbeit endet letztlich nie, und das ist auch der Grund, warum ich dieses Buch schreibe – damit jeder den Anfang in diese Heilarbeit finden kann.

Doch kamen dann immer wieder die Zweifel, wie ich meine Arbeit nur in Worte fassen könnte.

Wie immer kam es, wie es kommen musste: Meine Seminarteilnehmer haben dieses Buch auf den Weg gebracht. Mit ihren Erlebnissen, mit ihrem Vertrauen und mit der Einheit, die wir gebildet haben. Verrückt, wie sehr eine Gruppe sich bei den Ahnenseminaren findet und zusammen lacht, weint und eintaucht in eine völlig andere Welt.

Und wie sehr ihr mich beflügelt, die ihr so mit euren Ahnen in die Verschmelzung geht.

Ich möchte dir im Hier und Jetzt aufzeigen, was für ein Geschenk es ist, sich mit seinen Ahnen zu befassen.

Natürlich bin ich mir darüber im Klaren, dass es schwer ist. Die Schatten unsere Kindheit halten uns oft im Klammergriff fest und machen es uns wirklich nicht einfach, hinzuschauen, zu spüren oder gar zu vergeben.

Ich möchte weder missionieren, noch irgendjemanden dazu bringen, päpstlicher als der Papst zu sein. Hier ist einfach die Einladung, bei dir selbst aufzuräumen und klar Schiff zu machen.

Gemeinsam schaffen wir das schon!

Deine Silke

Ein Brief, der mich im Herzen berührte

Den folgenden Brief schrieb mir meine Schülerin Melodi Firat nach einem Ahnenseminar:

Ich drucke ihn mit ihrer Erlaubnis hier ab, da ich der Meinung bin, sie bringt es ziemlich auf den Punkt, und, wie schon in der Überschrift zum Ausdruck gebracht, hat er mich tief berührt...

Liebe Silke,

dieses Wochenende hat mich sehr nachdenklich gemacht.

Zuerst sah ich meine Eltern in ihren Rollen in Bezug auf mich.

Jetzt sehe ich Menschen, ganze Persönlichkeiten mit ihren individuellen Geschichten, ihren ganz eigenen Persönlichkeiten.

Hinter jeder Oma steckt eine Tochter, eine Frau, eine Geliebte, eine Lebensgefährtin, eine Mutter und eine Schwiegermutter, ein Baby, ein Kind, ein Teenager ... mit eigenen Träumen, Wünschen und Zielen.

Wir sind alle alles einmal gewesen oder werden es sein. Das ist das Spannende daran. Im Laufe unserer Leben haben wir jede Rolle übernommen, oder werden sie noch übernehmen.

Ich sehe meinen Vater, meine Mutter, meine Oma, meinen Opa nach dieser Aufstellung mit anderen Augen, eben als Kinder ihrer Zeit; als Opfer ihrer Epoche.

Ich frage mich nicht mehr: „Warum ich?", sondern habe verstanden, dass auch andere eine schlimme Vergangenheit hatten. Dass auch sie nicht davonlaufen konnten vor ihrer eigenen Geschichte. Ich habe meine Scheuklappen abgelegt und sehe das alles nicht mehr nur aus meiner Sicht, sondern als kollektiven Ablauf der Menschheit von Leben, Tod und Wiedergeburt.

Auch meine Mutter ist eine Tochter, eine Frau, eine Mutter mit ihren eigenen Herausforderungen und Bedürfnissen. Ich glaube, ich bin ein Stück gewachsen, dieses Wochenende hat mir viel gegeben. Ich bin etwas älter, etwas weiser geworden, und die Mauern in meinem Herzen durften einstürzen.

Ich kann endlich verstehen, akzeptieren und auch stehen lassen...

Den Rest von Melodis Brief möchte ich nicht abdrucken, denn er ist sehr persönlich und intim.

Wir verurteilen unsere Kindheit so oft, nehmen nur unseren Schmerz wahr und sehen unsere Eltern und Großeltern nur in Bezug auf uns. Doch gerade wir im mitteleuropäischen Raum tragen eine große Last mit: Die zwei Weltkriege, die unsere Ahnen auf ihren Schultern mit allen Ängsten, Traumata und Dramen durchleben mussten. Die nackte Angst ums Überleben, unter einer Diktatur zu leben und hinterher wieder aufräumen zu müssen. Zeit, um die Trauer und den Schrecken des Krieges wirklich zu verarbeiten, blieb nicht. Psychologische Hilfe? Weit gefehlt. Funktionieren, nach vorne schauen, hieß die Devise.

Meines Erachtens hat gerade die Generation, die den Zweiten Weltkrieg durchleben musste, deshalb einen so erschreckend hohen Anteil an Alzheimer und Demenzerkrankungen. Wer immer nur verdrängt, muss oft dafür irgendwann, in welcher Krankheitsform auch immer, Tribut zollen. Die Seele ist ein endloser Speicher, der uns Menschen schützt, indem sie nach schockierenden Erlebnissen Seelenanteile abspaltet. Und doch ist es immens wichtig zu wissen: Wir alle sind wie ein energetischer Schwamm, der die Energiefelder unserer Elternteile in unser eigenes Feld aufsaugt. Ungefragt tragen wir mit. Was haben unsere Ahnen wohl aus diesen zwei Weltkriegen mitgenommen? Und was trage ich heute davon auf meinem Rücken?

Dieser Ansatz basiert auf den neusten wissenschaftlichen Erkenntnissen aus der Epigenetik.

Nach ihr bekommen wir nicht nur alle körperlichen Merkmale von unseren biologischen Eltern vererbt, sondern auch deren Emotionen und erlebte, unbearbeitete Traumata. Heute sprechen wir neumodisch von „posttraumatischen Belastungsstörungen", wobei dir dieser Begriff sicherlich nicht neu ist. Bei der Ahnenarbeit räumen wir demzufolge nicht nur für uns auf, sondern auch für alle, die nach uns kommen, und unsere Geschwister.

Ich finde dieses Wissen so unglaublich wichtig, denn hier ist ein großer Schlüssel versteckt, um den Kreislauf der Wiederholung in der Familie zu durchbrechen. Und genau an dieser Stelle möchte ich etwas loswerden, was mir wirklich auf der Seele brennt:

Wissen wir eigentlich in der heutigen Zeit, wie gut wir es in Mitteleuropa haben? Inzwischen 74 Jahre ohne Krieg! – so lange wie noch nie in der Geschichte Mitteleuropas. Ich hoffe für meine Kinder, dass es so bleibt.

Allerdings sagen die Voraussagen meines Freundes und begnadeten Hellsehers Martin Zoller und auch die Wirtschaftsprognosen von REGIERUNGSUNABHÄNGIGEN Wirtschaftskennern wie Dirk Müller etwas anderes aus.

Ich glaube, auch hier ist die Ahnenarbeit wichtig. Sie lehrt uns Vergebung und Mitgefühl mit unseren Mitmenschen. Und wer in seinen Emotionen ist, lässt sich nicht instrumentalisieren. Wut ist immer der schlechteste Ratgeber, sei es in Bezug auf unsere Ahnen als auch auf unsere Mitmenschen. Viele Konflikte im Außen entstehen auch aus unseren Ängsten – insbesondere die Existenzangst. Auch hier kann die Ahnenarbeit so heilsam sein, denn unsere Biographien sind nicht vollkommen neu. Nimm sie als eine Neuauflage dessen, was unsere Ahnen vor uns erlebt haben, wenn auch oft in abgeschwächter, verstärkter oder veränderter Version. Die Grundthemen ziehen sich wie ein roter Faden durch dieses Ahnennetz.

Die Verbindung zu unserer Familie entspricht oft einem Magnetismus. Entweder stoßen sich die entgegengesetzten Pole ab (zum Beispiel in der Familie immer der Exot zu sein oder das Schwarze Schaf), oder wir ziehen uns unglaublich an, sind unzertrennlich. Oft leben wir das weiter, was wir von unserer Mutter und unserem Vater als energetisches Paket mitbekommen haben, da diese es nicht ihrem Seelenplan entsprechend heilen konnten. Wir übernehmen ihre Wunden, alte Muster und tiefe Narben. Und das Fatale daran ist: Wenn wir nicht an uns arbeiten, bürden wir diese Last später unseren Kindern auf.

Wie oft hast du in deiner Kindheit gehört: Du bist wie dein Vater/ du bist wie deine Mutter? Oder: Du schlägst nach Onkel XY, Tante XY?

Ich musste in meiner Kindheit oft von meiner Mutter hören: Du bist zu 100% die Linie deines Vaters. Solche Sätze konnte ich bereits als Kind nicht ausstehen. Ich bin etwas eigenes, habe ich oft gedacht, insbesondere wenn meine Mama mit diesem Satz mal wieder meine weniger guten Eigenschaften abstrafte.

Als ich Teenager wurde, habe ich mich oft gefragt, ob ich wirklich so gar nichts von meiner Mutter hätte, da ich diesen besagten Satz gefühlte 1000 Mal gehört hatte. Der Satz hat mich übrigens damals wie heute sehr verletzt.

Ich muss hier auch ehrlich sagen, dass die Verwandtschaft meines Vaters sehr zerstritten ist und ich so gut wie keinen näher kenne. Mein Papa ist ein Goldstück, auch wenn wir in der Vergangenheit unsere Höhen und Tiefen hatten. Bereits als ich Kind war, hatte die Familie meines Vaters allein durch die Erzählungen meiner Eltern etwas Negatives. Und damit wurde ich verglichen. Was das in mir damals ausgelöst hat, kann ich nicht wirklich beschreiben. Ob ich es bei meinen Töchtern bisher besser gemacht habe? Ich muss direkt, zumindest bei meiner Großen, mal nachfragen.

Übrigens erzählt mir gerade ein guter Freund Folgendes:

„Als Teenager habe ich es gehasst, wenn mein Vater mir folgenden Spruch unter die Nase gerieben hat: So lange du deine Füße unter meinen Tisch steckst…! Wie unverstanden hab ich mich damals gefühlt. Stell dir vor, Silke, diese Woche habe ich mich dabei ertappt, wie ich zu meinem Sohn genau das Gleiche gesagt habe."

Wir wollen es besser machen, aber die alten Muster, unsere eigenen Kindheitserlebnisse, halten uns fest. Aber ist das nicht ein deutliches, einfaches Beispiel, wie wir Erlebtes oft trotz besseren Wissens weitergeben? Und wie ist das, wenn ich diese starre Kruste sieben Generationen zurück aufdröseln möchte? Kann man diesen Kreislauf überhaupt durchbrechen?

Wir sind jetzt bei einem harmlosen Thema. Aber wie ist das, wenn ich beispielsweise Misshandlungen durch meine Eltern erfahren habe?

Man kann! Wenn man bereit ist, die Ärmel hochzukrempeln und loszulegen, ist das der erste Schritt.

ICH WILL MEIN AHNENTHEMA ANGEHEN!

Sobald du diese Entscheidung getroffen hast, beginnt ein Prozess. Achte einmal darauf: Selbst wenn du versuchst, das Thema wieder wegzuschieben, taucht es ab jetzt ständig in deinem Umfeld auf. Die universelle Energie, das Morphogenetische Feld, erinnert daran.

Aber was ist das Morphogenetische Feld* eigentlich? Dieser Begriff fällt des Öfteren in diesem Buch, du findest die Erklärung im Glossar im Anhang.

Ahnenarbeit ist sehr weitreichend, sehr tief, und daher versuche ich, dir in diesem Buch viele Übungen an die Hand zu geben, die du für dich selbst machen kannst. Reicht dir das nicht aus und du suchst jemanden, um diese Themen aufzuarbeiten, kann ich dir folgende Tipps mit auf den Weg geben.

- **Achte auf dein Bauchgefühl! Beim leisesten Zweifel gehst du.**
- **Schau, ob die Arbeitsweise zu dir passt. Beispiel: Der eine fühlt sich bei der schamanischen Ahnenarbeit wirklich wohl, der andere kann damit gar nichts anfangen. Informiere dich vorher über die Methode und schau, was dich quasi magisch anzieht.**
- **Gib keine Vorabinformation, lass dir nichts aus der Nase ziehen.**
- **Ahnenarbeit ist ein hochsensibles Thema. Frag ruhig nach, wie du aufgefangen wirst, wenn du an die schweren Themen kommst, die Fingerspitzengefühl erfordern. Wichtigste Frage: Wird die Thematik nur aufgezeigt, oder auch gelöst?**

Jemand, der gute und klare Ahnenarbeit macht, gibt dir dazu auch genaue Auskunft.

Warum sieben Generationen zurück?

Ganz ehrlich: Als ich mich für Ahnenarbeit zu interessieren begann, habe ich mich das auch oft gefragt. Klar ist die Sieben eine mystische Zahl. Besonders in der Bibel. In sieben Tagen wurde die Welt erschaffen, sieben Tage hat die Woche, sieben Sakramente...

Im Judentum gibt es das Schiwa-Sitzen. Das bedeutet: Die engsten Verwandten der Verstorbenen sind sieben Tage mit Beginn der Beerdigung von all ihren Pflichten entbunden und sitzen einfach in der Stille; um die Trauer zuzulassen, zu weinen, aber auch, um Erinnerungen aufsteigen zu lassen.

Ich finde das übrigens eine sehr wichtige Tradition. Sich wirklich Zeit zu nehmen, um den ersten Schmerz zuzulassen und nicht zu verdrängen und mit dem Alltag zu übertünchen.

Auch im Islam spielt die Zahl Sieben eine große Rolle. Das Gebet kennt hier sieben Bewegungsarten, und, was besonders spannend ist, im Arabischen geschrieben bedeutet der Name Allah 4-1-11, hier ist die Quersumme sieben.

Der Regenbogen besteht aus sieben Farben, der menschliche Embryo hat sieben Entwicklungsstufen...

Diese Aufzählung rund um die Zahl Sieben lässt sich unendlich fortsetzen.

Spannend ist, dass das Alte Testament von vier Generationen der Schuldweitergabe spricht. Schuldgefühle spielen in der Ahnenreihe definitiv eine große Rolle. Wir haben mit der Ahnenarbeit also kein Phänomen der Neuzeit, höchstens in der Wahl der Methoden.

In Asien gilt die Sieben teilweise als Unglückszahl, in Europa als Glückszahl.

Allgemeines Philosophieren zu dem Thema hatte mich bei meiner Frage allerdings nicht weitergebracht.

Also begann ich, einige Schamanen zu fragen, die sich schon lange mit Ahnenarbeit beschäftigen und die ich als tiefgründig in ihrer Arbeit kennen und schätzen gelernt habe.

Eine Antwort hat mich besonders beschäftigt:

„Eine alte Volksweisheit behauptet, alle Schicksale wiederholen sich in der 7. Generation."

Konnte das wirklich stimmen? Wenn ja, fehlten mir immer noch Informationen. Der Forscher in mir war erwacht.

Im Alten Testament findest du dazu ganz viele Stellen, aber definitiv keine, die über die 4. Generation hinausgeht. Doch wie passte das alles zusammen? Ich kam mir vor, als würde ich an einem Puzzle sitzen und mir mühsam mit den ersten Teilen den Rahmen abstecken – bis ich einen Tipp bekam, der mir das erste Mal Klarheit brachte.

Das „Sieben-Generationen-Prinzip" geht zurück auf das „Große Gesetz des Friedens" (engl.: „The Great Law of Peace") der Irokesen-Liga. Wahrscheinlich im 16. Jahrhundert, etwa um 1570, wie die hiesige Forschung vermutet, schlossen sich fünf Irokesenstämme, die sowohl sprachlich als auch kulturell miteinander verwandt waren, zur Irokesen-Liga zusammen. Im Jahr 1722 kam noch ein sechster Stamm dazu. Als Grundlage dieses friedlichen Zusammenschlusses, der zunächst als „Five Nations", später dann als „Six Nations" bekannt war, diente das „Große Gesetz des Friedens". Diese Verfassung fußte auf einer demokratischen Basis und regelte die Beziehungen der verschiedenen Stämme untereinander.

Ein wichtiger Punkt darin war eben jenes „Sieben-Generationen-Prinzip". Wortwörtlich steht im „*Großen Gesetz des Friedens*": *„The thickness of your skin shall be seven spans – which is to say that you shall be proof against anger, offensive actions and criticism [...]. Look and listen for the welfare of the whole people and have always in view not only the present but also the coming generations, even those whose faces are yet beneath the surface of the ground – the unborn of the future Nation."*

Quelle: www.umweltdialog.de

Hier ein Orginalauszug aus dem Gesetz:

„Dein Herz soll mit Frieden und guter Absicht erfüllt sein, dein Geist mit dem Verlangen für das Wohlergehen aller Angehörigen der Vereinigung. Mit endloser Geduld sollst du deine Pflicht tun, deine Bestimmtheit soll durch Nachsicht für deine Leute gemäßigt sein. Weder Ärger noch Rage soll in deinem Geiste zu Hause und alle deine Taten sollen durch ruhige Entschlossenheit gekennzeichnet sein. In all deinen Entscheidungen im Rat der Vereinigung, in deinen Anstrengungen, Gesetz zu sprechen, in all deinen offiziellen Handlungen sollen Eigeninteressen in den Hintergrund rücken. Wenn dich deine Nichten und Neffen beschuldigen, falsch zu handeln oder Fehler begangen zu haben, verwerfe sie nicht einfach, sondern komme zurück auf den Weg des großen und richtigen Gesetzes. Kümmere dich um das Wohlergehen aller Menschen und behalte immer nicht nur die heutige Generation, sondern auch die kommenden Generationen im Blick. Auch die zukünftigen sieben Generationen, die heute noch nicht geboren sind."

Besonders spannend ist hier zu wissen, dass die Irokesen nicht nur an die sieben Ahnen zurück, sondern auch an die sieben Ahnen voraus gedacht haben. Fakt ist, dass dieses Gesetz den kompletten Schamanismus im amerikanischen Raum über die Dauer geprägt hat. Übrigens sagen andere Quellen, dass die Apachen vor jeder Entscheidung die sieben Urahnen in Zeremonien angerufen hätten.

Warum sieben und keine zehn oder gar nur die biblischen vier? War das wirklich die Antwort auf meine Suche? Mein Geistführer, Toularion, beantwortete sie mir so:

„Geliebtes Kind,

dein Forscherdrang und das Gefühl, allem auf den Grund gehen zu müssen, erfüllt uns in deiner Nähe mit viel Freude. Zweifle nicht an den Weisheiten, die andere vor dir in die Welt getragen haben. Alles hat seinen Sinn, seinen Anfang und seine Bedeutung. Ihr Menschenkinder habt das Energiefeld nur zu einem Bruchteil durchschaut. Ihr könnt so viel erreichen, wenn ihr eure Visionen nicht nur über die Erde erstreckt, sondern das Universum mit einbezieht. Ihr tragt alle gegenseitig Energien, doch die Personen, die in der Ahnenreihe den Weg vor euch gegangen sind, ihn euch geebnet haben, sind noch intensiver mit euch verbunden, als ihr euch vorstellen könnt.

Dein 7. Ahn sowohl mütterlich auch als väterlicherseits, beide tragen für die sieben Ahnen zuvor. Alle Themen einer Seelenebene übertragen sich in der Weite der Zahl Sieben um die Veränderung. Wenn du sieben Ahnen liebevoll wieder in dein Leben mit einbeziehst, die Energien klärst und sie von ihren Schuldgefühlen reinigst, hast du den Zyklus deiner ganzen Ahnenreihe harmonisiert und in die Schwingung des Geburtsrechts auf Leichtigkeit gebracht.

Manchmal frage ich mich, warum ich immer alles so belegen möchte, wenn die Geistige Welt ihre ganz eigenen Antworten für uns bereithält. Und siehe da, damit konnte ich etwas anfangen.

Bewusstsein schärfen – Die sieben Ahnen als Stellvertreter

Was bedeutet eigentlich *die sieben Ahnen*? Haben wir wirklich nur sieben Männer oder Frauen hinter uns stehen? Nein, natürlich nicht. Wenn wir logisch hochrechnen, haben wir bereits an dritter Stell acht Ahnen stehen, wenn wir die mütterliche und väterliche Linie zusammen nehmen. An der 7. Stelle sogar 128 Ahnen. Natürlich kann man diese nicht alle aufstellen, aber die Grundthemen der Ahnenreihe zeigen sich sozusagen bei dem Stellvertreter der jeweiligen Ahnenreihen. Deshalb ist es so wichtig, die sieben Ahnen nicht als eine Person zu sehen, sondern als KOLLEKTIVENERGIE.

Wenn wir uns dessen bewusst sind, können wir mit dem Begriff der sieben Ahnen an sich bedeutend leichter und klarer umgehen.

Jetzt kann man natürlich sagen, dass bei 128 Ahnen alle Themen vertreten sind. Stimmt, wirklich widersprechen kann ich hier nicht. Wichtig ist, dass wir uns bewusst machen, wie viele verschiedene Schicksale = Menschen vor uns ihr Leben gelebt haben, um uns das Leben zu schenken und die Prägungen unbewusst mitzugeben. Unser Ahnenpäckchen tragen wir alle, aber wir tragen auch ihre Liebe, ihren Wissensdrang und ihre Spiritualität.

Wir Menschen sind so vielschichtig, so bunt, dass es uns oft gar nicht bewusst wird. Oft verurteilen wir andere Menschen, andere Religionen andere Völker: Wer sagt aber, dass bei 128 Ahnen wir wirklich alle getrennt sind. Vielleicht schimpfst du gerade über den Menschen, der aus der gleichen Ahnenreihe wie du stammt.

Na ja, und wenn das alles nicht zum Nachdenken anregt, weiß ich auch nicht. Kannst du bei so vielen Ahnen sagen, dass du wirklich keine „Ausländer" in deiner Reihe hast?

Vielleicht regen dich diese Zeilen zum Nachdenken an und laden dich ein, tiefer in die Ahnenarbeit einzutauchen. Wenn wir für unsere Ahnen und uns selbst in die Heilarbeit gehen, öffnen sich Türen für Leichtigkeit. Oft sind tiefsitzende Ängste, für die wir keine logischen Erklärungen haben, wie weggeblasen. Ist das nicht unendlich spannend? Dieses kollektive Energiefeld nimmt Einfluss auf unsere persönliche Aura. Und jetzt stell dir mal vor, du kannst ebenfalls auf die Weisheit und die Kraft deiner Ahnen zugreifen, und hier gleich auf 128 Ahnen. Schon von daher lohnt es sich, mit dem Aufräumen zu beginnen. Aber vorher lies dir bitte die nächsten beiden Kapitel ganz genau durch.

✩✩✩

Die Wissenschaft ist erwacht

Auch die Wissenschaft nimmt seit einigen Jahren vermehrt das Übertragen von Traumata von einer Generation zur nächsten genauer unter die Lupe. Man hat erkannt, dass Depressionen, Angstzustände und posttraumatische Belastungsstörungen in den Ahnenreihen weitergegeben werden.

Rachel Yehuda, Professorin für Psychiatrie und Neurowissenschaft an der Mount Sinai School of Medicine in New York, ist eine der weltweit führenden Expertinnen auf diesem Gebiet. Sie hat nach den Anschlägen auf das World Trade Center Betroffene untersucht und festgestellt, dass sie die gleichen neurobiologischen Fingerabdrücke wie Holocaust-Überlebende und deren Nachkommen aufweisen.

Bei betroffenen Frauen, die nach dem 11. September schwanger wurden und an der Untersuchung teilnahmen, konnte man bei Untersuchungen an den Kindern feststellen, dass sie den gleichen, auffallend niedrigen Cortisol-Spiegel aufwiesen wie ihre Mütter nach den erlebten Stresssituationen. Und das, obwohl sie teilweise erst Jahre nach diesem Ereignis geboren wurden.

Cortisol ist ein Stresshormon, das dem Körper hilft, nach traumatischen Erfahrungen in den Normalzustand zurückzukehren. Gerade bei Menschen, bei denen Ängste oder Depressionen unerklärlich sind und deren Ärzte in den Kliniken nur den Weg der Medikation sehen, ist es wichtig, auch hier hinzuschauen. Erlebt der Mensch ein Trauma, schützt dieser Mensch sich meist mit Verdrängung. Ist der Schmerz im Menschen zu heftig, kann er sich regelrecht nicht damit befassen, ist wie erstarrt. Aber indem er wegsieht und/oder seine Gefühle wegsperrt, verdrängt, kann der Heilungsprozess nicht beginnen. Hin und wieder eskalieren die Gefühle dann Jahre später oder suchen sich ein Ventil wie Alkohol, um den Schmerz zu betäuben. Und egal, ob der Mensch an sich arbeitet oder nicht, mit seinem Tod ist das Thema leider nicht vom Tisch, sondern geht auf die Kinder über.

Mäuse haben zu 99% die Gene von Menschen und den Vorteil, dass sie sich sehr schnell fortpflanzen. Einige renommierte Universitäten haben zu diesem Thema an Mäusen Studien vorgenommen, die nachweisen, wie sich die Veränderung durch absichtlich herbeigeführte Traumata an den Tieren auf deren Nachkommen auswirken. Die DNA der nachfolgenden zwei Tiergenerationen war so verändert, dass sie von Geburt an viel mehr Stresshormone ausgeschüttet haben und extrem ängstlich waren.

Und jetzt wird's noch interessanter: Die Wissenschaft stößt gerade auf die Erkenntnis, dass wir durch bewusste Veränderung unserer Hirnfrequenz, durch positives Visualisieren und auch durch Meditation unsere Gene verändern können. Und spannend ist in diesem Zusammenhang auch, dass Mäusekinder, die schon geboren und deren Eltern künstlich erzeugtem Stress ausgesetzt waren (obwohl in einem ganz anderen Raum!), einen extrem niedrigen Cortisol-Spiegel aufwiesen und in ihrem eigenen Käfig extrem gestresst waren. Übrigens war bisher die gängigste Meinung, dass ein zu hoher Cortisol-Spiegel allein für den Stress verantwortlich ist.

Erst seit kurzer Zeit beschäftigt sich die Wissenschaft damit, dass bei extrem schweren Traumata der Körper zu einem niedrigen Spiegel neigt und das Langzeitstresshormon ebenfalls Schäden im Körper anrichtet. Wenn wir jedoch ins Positive gehen und bewusst Wege suchen, um die Bilder in uns zu verändern, haben wir ebenfalls ein neues, riesiges Areal in unserem Hirn angelegt. Was heißt: Unser Körper ist ein Wunderkind!

In seinem Buch „Dieser Schmerz ist nicht meiner" steigt der Autor Mark Wolynn sehr tief in Fallbeispiele aus seiner Praxis als Psychiater ein und zeigt auf, wie sich Dinge über Generationen auswirken. Er zieht in seinen Fallbeispielen sogar noch heftigere Schlüsse, als ich in meiner Ahnenarbeit sehe, und zeigt, dass Spielsucht, finanzielle Nöte, ja, sogar ein Verbrechen, sich über Generationen legen, was er mit wissenschaftlichen Studien belegt. Wer also tiefer und wissenschaftlicher einsteigen möchte, dem lege ich dieses Buch sehr ans Herz.

Spannend hierbei ist, dass, wenn wir unser Leben dauerhaft verändern wollen, wir unseren Cortisol-Spiegel im Körper nicht unterschätzen dürfen, was sich mit folgender Kernaussage der Wissenschaft deckt:

Wenn wir 15 Minuten am Tag bewusst in den Alpha-Zustand gehen, das heißt, in die Hirnfrequenz zwischen 4-8 Hertz, bringen wir ab dem 21. Tag den Cortisol-Spiegel auf die optimale Höhe, um den Stress in unserem Körper abzubauen.

Egal, was wir an Traumata von unseren Ahnen tragen, wenn wir sie erkennen, den Gefühlszustand dahinter anschauen und auflösen, und den Cortisol-Spiegel dazu auf einen gesunden Mittelwert bringen, können wir unsere Talfahrt jederzeit beenden. Wir haben also einen Schlüssel in der Hand und müssen nur die Wege finden, das Schloss zu öffnen.

Und diese Wege werde ich dir im Rahmen dieses Buches aufzeigen. Denn: Warum sollen sich die spirituellen Erkenntnisse, gepaart mit dem wissenschaftlich Erforschten, nicht wunderbar ergänzen?

Liegt denn wirklich alles an den Ahnen?

Das wäre natürlich schön, wenn wir alles darauf zurückführen könnten. Fakt zumindest ist Folgendes: Eine Klärung der Ahnenreihe bringt immer mehr Verständnis für Eltern und Großeltern. Oft können wir ja schon deren Verhalten nicht wirklich nachvollziehen. Und es darf immer viel Heilung geschehen, sobald wir eine andere Sichtweise bekommen.

Ahnenarbeit bedeutet auch immer, ein Stück Leichtigkeit zurückzugewinnen. Trotzdem sollte man, wenn es um ein bestimmtes Lebensthema geht, auch abklopfen, was der wirkliche Hintergrund ist. Nicht immer hängt zum Beispiel das Partnerschaftsthema nur an einem vergangenen Leben oder nur an der Ahnenreihe. Wenn man ein bestimmtes Thema angehen möchte, sollte man deshalb kurz einen Ausflug über den Tellerrand hinaus machen.

Ein gutes Medium sollte meine Problematik ohne Vorabinformation erkennen und mir auch die Quelle nennen können.

Wir unterscheiden hier:

- Karma/Vorleben.
- Energiefeld der Ahnen.
- Prägung/Trauma aus Kindheitserlebnissen.
- Energetische Verbindungen zu Mitmenschen, auch diese können uns daran hindern, weiterzukommen.
- Energetische Bindungen an Gelübde.
- Lernaufgaben in der aktuellen Akasha-Chronik*.
- Energie von fremden Planeten, wobei das schon ins das Vorleben eingreift.

- **Auch möchte ich hier ausdrücklich auf die Schwermetall-belastung hinweisen, auch wenn das eher in Richtung Seelenvertrag läuft.**

Oftmals wird alles einfach auf die Ahnen oder das Vorleben reduziert, ohne dass man wirklich nachgeschaut hat, wo denn die eigentliche Ursache liegt.

Ich versuche, meine Schüler hier immer besonders zu sensibilisieren, da hier vieles zu flüchtig betrachtet wird, denn wenn wirklich etwas in die Veränderung gehen soll, brauchen wir die richtige Ansatzweise. Klingt doch eigentlich logisch, oder? Ich weiß, dass ich viele Leser an dieser Stelle überfordere, weshalb ich im Nachfolgenden ausführlich auf die einzelnen Themen eingehen werde, aber in vereinfachter Form. Die Profis unter euch bitte ich höflichst, meine einfache Darstellung zu tolerieren.

☆☆☆

Karma oder *Vorleben*

Ja, ich glaube daran, dass wir alle schon mehrfach inkarniert sind. Manchmal ist bei unserer Geburt die „Festplatte" vom Vorleben nicht richtig gelöscht, und wir bringen alte Ängste und/oder altes Wissen mit, was wir uns einfach nicht erklären können.

Ein Beispiel von mir: Jedes Mal, wenn ich im Salzburgerland eine bestimmte Burg sehe, bekomme ich eine Gänsehaut.

Als Kind hatte ich immer genau von dieser Burg geträumt und konnte bei meinem ersten Besuch vor kurzem dort alles genau beschreiben, auch wenn wir den Raum noch gar nicht betreten hatten. Es ging sogar so weit, dass ich eine bestimmte Deckenmalerei suchte, die nicht mehr sichtbar war. Und unser Führer wusste dann mit großem Erstaunen zu berichten, dass diese Malerei in den Siebzigern einfach übermalt worden war. Er zeigte mir sogar alte Fotos, die genau das belegten, was ich im Vorfeld gesehen hatte.

Ähnlich ist für mich das Gefühl, wenn ich durch die Altstadt von Jerusalem streife. Mein Herz geht auf, ich fühle mich zu Hause und bin immer traurig, wenn ich wieder nach Hause muss. Ich liebe die orientalische Küche, die Gerüche und die Enge dieser Gassen dort.

Viele Menschen berichten von ähnlichen Erlebnissen.

Ich möchte hier einen Fall aus meiner Praxis schildern, der vielleicht deutlich macht, warum ich es so wichtig finde, die Ursache für eine Stagnation oder ein Muster im Leben zu finden.

Hier der Praxisfall dazu:

Vor ungefähr 6 Jahren kam eine Mutter mit ihrer sechzehnjährigen Tochter Lena (Name geändert) zu mir. Lena litt an Angstattacken, die sie im täglichen Leben stark einschränkten. Das ging so weit, dass sie nicht mehr zur Schule wollte und kaum mehr aus dem Haus ging. Beide hatten Hilfe bei zahlreichen Ärzten und Psychologen gesucht, bei denen sich Lena oft nicht ernst genommen fühlte.

Ich wollte wie immer keine Vorabinfo und spürte mich in Lenas Energiefeld ein. Sofort bekam ich das Bild eines brennenden Adventskranzes und die Jahreszahl 2011. Die Mutter bestätigte, dass in diesem Jahr der Adventskranz gebrannt hatte, fand das aber sehr befremdlich, da ihr Mann das Feuer sofort gelöscht hatte und es keinen großen Schaden gab. Erst als ich nachfragte, ob ab diesem Zeitpunkt die Angstattacken begannen, schauten mich beide mit großen Augen an. Ich hatte Recht! Aber da alles glimpflich ausgegangen war, hatte keiner dem Geschehen Bedeutung beigemessen. Auch Lena fand das nicht dramatisch.

Die Mutter erinnerte sich daran, dass Lena Albträume hatte, die kurz nach dem Brand begannen. Lena hatte im Schlaf geschrien, und alle waren in ihr Zimmer gelaufen. Doch sie konnte sich nicht an die Bilder ihrer Träume erinnern. So ging es mehrere Nächte, und dann begannen schleichend die Angstattacken, die Lena zwei Jahre später alle Lebensqualität nahmen. Ich setzte energetisch die Zellerinnerung auf die Zeit vor dem Adventskranzbrand zurück, so, wie es mir gerade von der Geistigen Welt durchgesagt wurde.

Doch mir war sofort klar, dass der Adventskranz nur ein Trigger für etwas Tieferes war. Und schon lief ein Film vor meinem inneren Auge ab.

Ich sah Lena als Krankenschwester Ende 1940 in London in einer Klinik, hörte die Flieger kommen und erlebte, wie die Klinik von einem Bombenangriff getroffen wurde. Ich sah, wie Lena versuchte, Menschen zu retten, wie der Rückweg von herunterfallenden Balken abgeschnitten war, und erlebte, wie sie mit einem Kind auf dem Arm verbrannte.

Ich nahm das alles wie einen Kinofilm wahr und erzählte Mutter und Tochter, was ich gesehen hatte. Lena rief sofort aus: „Deswegen mag ich England nicht und komme mit der Sprache nicht zurecht." Französisch dagegen falle ihr in der Schule leicht, erzählte sie nebenbei. Die Ursache war gefunden.

Jetzt mussten wir energetisch diese Schnüre zu dem Vorleben aus dem Energiefeld löschen und verankern. Um diese Technik zu erklären, eignet sich der Rahmen dieses Buches nicht. Aber das brauchst du gar nicht so genau zu wissen, wichtig vielmehr ist, welche Quelle für dein spezielles Thema verantwortlich ist. Hier war eindeutig klar: Karma!

Im Kapitel „Schwermetallbelastung" zeige ich dir, wie du mit wenig Aufwand erfahren kannst, welche Quelle zu deiner Thematik gehört. So weißt du gleich, wo du ansetzen musst. Denn zu jeder Quelle gibt es zahlreiche Techniken. Hier, in diesem Buch, arbeiten wir mit den Ahnen.

Lena hatte von nun an wirklich Ruhe, und hin und wieder besucht sie mich noch...

Hätten wir hier in Lenas Ahnenfeld gearbeitet, wäre die Wahrscheinlichkeit, die Lösung zu finden, eher gering gewesen!

Hinweis: Ich selbst biete keine Rückführungen an, dafür gibt es Profis. Ich kann immer nur das weitergeben, was mir gegebenenfalls von der Geistigen Welt übermittelt wird.

Energiefeld der Ahnen

Da sich das ganze Buch mit dem Thema Ahnen befasst, halte ich mich an dieser Stelle kurz.

Wie in den ersten Kapiteln dieses Buches schon erwähnt, werden die Ahnenarbeit und das, was wir für unsere Ahnen tragen, oft unterschätzt. Wenn sich beispielsweise durch die ganze Ahnenreihe ein Mangeldenken zieht, wie soll dann der Mensch am Ende der Kette in die finanzielle Fülle kommen? Egal, wieviel solche Menschen verdienen, es reicht meistens nicht aus, das Geld rinnt ihnen quasi durch die Finger. Wir tragen für sieben Ahnen zurück – es lohnt sich also, hinzusehen.

Prägung/Trauma aus Kindheitserlebnissen

Endlich ein Thema, das auch die Wissenschaft heutzutage anerkennt. Spannend finde ich hierbei, dass es nicht immer riesige Einschnitte im Leben eines Kindes sein müssen, die für eine bestimmte Prägung oder ein bestimmtes Muster verantwortlich sind, sondern oft auch Kleinigkeiten genügen. Für hochsensible Kinder **kann** ein Umzug in den ersten drei Lebensjahren so prägend sein, dass sie sich als Erwachsene nirgends richtig zu Hause fühlen. Oder ein Großelternteil stirbt, die Mutter als wichtigste Bezugsperson trauert unendlich, spricht aber nicht mit ihrem Kind darüber. Ein Kleinkind hat sensible Antennen, spürt die Trauer und spielt energetischen Staubsauger.

„Wenn ich jetzt ganz lieb bin, mich super anstrenge, lacht meine Mama wieder…" kann hier ein Muster sein, das als Erwachsener noch den Zwang auslöst, immer für alle anderen da zu sein und seine eigenen Bedürfnisse völlig zurückzustellen. Erlebt ein Kind in jungen Jahren eine Scheidung, fühlt es sich oft schuldig und kämpft ein Leben lang mit extremen Schuldgefühlen.

Das sind nur einige Beispiele, wie uns Prägungsstempel aufgedrückt werden, die uns noch als Erwachsene zu schaffen machen können.

Energetische Verbindungen zu Mitmenschen

Hier steht ein ganz bekannter Satz im Vordergrund, den du sicherlich bereits 1000 Mal gehört hast:

Alles ist Energie!

Das ganze Leben besteht aus energetischem Austausch. Selbst bei flüchtigen Begegnungen mit Mitmenschen bilden sich schon die sogenannten Energieschnüre. Bei Menschen, die einem nahezu täglich begegnen, tragen wir quasi diese Schnüre kiloweise im übertragenen Sinn mit uns herum.

Geht zum Beispiel eine langjährige Beziehung auseinander, geht der eine seinen neuen Weg, der andere aber spürt vielleicht intensiv diese Energieschnüre und kann auch Jahre später nicht loslassen beziehungsweise findet einfach keinen neuen Partner. Es scheint wie verhext.

Oder noch heftiger: Wir suchen uns einen Partner, der genau das energetische Muster des verflossenen Partners trägt. Wie oft hast du schon gehört, dass eine Frau gleich bei drei Partnern hintereinander häusliche Gewalt erlebt hat?

Hier kann oft eine simple Energiefeldreinigung und die Abtrennung von diesen Energieschnüren Wunder wirken. Aber noch einmal der Hinweis: Befindest du dich in so einer Situation, musst du alle Quellen kontrollieren. Die Ursache kann genauso gut in der Kindheit liegen. Für die Reinigung und Klärung solcher Muster im Energiefeld gibt es zahlreiche Methoden. Spüre hinein, schau dich im Netz um. Welche Methode spricht dich an? Oder wer ist die Person deines Vertrauens, in deren Hände du dich begibst? Höre einfach auf dein Gefühl.

Energetische Verbindungen zu einem Gelübde

Das ist ein Thema, das ich lange ignorierte. Moderne Menschen können doch nicht durch ein Gelübde wie ein Eheversprechen vor der Kirche oder einen Treueschwur ausgebremst werden. Wir sind doch nicht mehr im Mittelalter!, so meine Argumentation. Leider hat auch hier die Praxis mich eines Besseren belehrt.

Im Unterbewusstsein und im Energiefeld speichern wir solche Dinge wohl tatsächlich ab. Gerade Menschen, die sehr religiös erzogen sind, haben oft unbewusst daran zu tragen. Ich möchte es mal mit einem PC vergleichen.

Auf dem Bildschirm ist das Muster nicht zu sehen, auf der Festplatte allerdings unwiderruflich als Befehl gespeichert, und sobald man es entdeckt hat, ist die bewusste Löschung von der Festplatte wichtig und möglich. Man zieht einfach die energetischen Schnüre zu dem jeweiligen Gelübde oder macht ein kleines Ritual zur Löschung. Auch hierzu findest du im Netz einige Möglichkeiten.

✩✩✩

Lernaufgabe in der aktuellen Akasha-Chronik

Einer meiner Lieblingssätze in Vorträgen oder Seminaren lautet:

„Als ich als Seele mein Paket für dieses Leben selbst zusammengestellt habe, war ich bestimmt blau! Niemals habe ich mir freiwillig solche Lernaufgaben mit in dieses Leben genommen."

Auch wenn es sehr ironisch formuliert ist, trifft das letztlich den Nagel auf den Kopf. Wir legen Lernaufgaben, Seelenverträge für dieses Leben fest. Leider müssen wir selbst dazu stehen, können niemanden dafür anklagen. In dem Moment jedoch, in dem wir einen Seelenvertrag erkennen, das Muster dahinter verstanden haben, ist die Lernaufgabe erfüllt, und wir können den Seelenvertrag wandeln. Sofern es nicht gerade um Tod oder Geburt geht. Diese beiden Themen sind unantastbar.

Es gibt natürlich auch hier zahlreiche Lösungsansätze, schau hin, welche dich ansprechen, und los geht's! Als Belohnung wartet sehr oft das Ende einer langen Durststrecke...

Energie von fremden Planeten

Mir ist sehr wohl bewusst, dass jetzt viele Leser an meinem Verstand zweifeln. Das war für mich ja auch immer so ein Thema, das ich in die gleiche Schublade wie Einhörner und Drachen gepackt habe. Ich bewundere hier immer die Geistige Welt, die mir quasi scheibchenweise immer mehr beigebracht hat, bis auch meine letzte Abwehrhaltung sich in Luft auflöste. Ich möchte hier ein Fallbeispiel aus meiner Praxis aufzeigen:

Ein junger Mann, nennen wir ihn Michael, war bei einer medialen Ahnenaufstellung auf Wunsch seiner Freundin dabei. Vom 7. bis zum 5. Ahn war nichts Ungewöhnliches für eine Ahnenaufstellung an den Tag getreten. Jede Ahnenreihe hat ihre Höhen und Tiefen, die sich immer auf den Aufsteller beziehen.

Beim 4. Ahn wurde die Sache aber auf einmal sehr seltsam. Es war sofort ersichtlich, dass Michael und der 4. Ahn eine intensive Bindung hatten, auch wenn sie sich nie kennengelernt hatten. Ich spürte mich ein und war selbst wie vom Donner gerührt.

„Hast du ein fotografisches Gedächtnis? Du musstest nie Vokabeln lernen, oder? Du hast die Seiten im Schulbuch regelrecht fotografiert und nie vergessen, stimmt's? Du hast das Gefühl, nirgendwo wirklich dazuzugehören, oder?", fragte ich Michael, nachdem ich mich einen Moment in ihn eingespürt hatte. Verwundert nickte er und gab zu, kaum jemals mit einem Menschen über sein phänomenales Gedächtnis zu sprechen.

Ich begann allmählich die Bilder, die mir gezeigt wurden, zu verstehen, wollte es aber nicht wahrhaben. Konnte das wirklich sein, was ich da spürte?

Ich war völlig verwirrt und dachte nach, jeder Muskel in

meinem Körper war angespannt. Nur das, was mich bewegte, konnte ich doch nicht laut aussprechen, oder? Meine Zunge führte in dem Moment ein Eigenleben. „Michael, sowohl du als auch der 4. Ahn, ihr hattet ein Vorleben auf einem anderen Planeten. Ihr habt beide eine völlig andere Schwingung als die restliche Ahnenreihe", platzte ich heraus.

Tödliche Stille im Seminarraum. Hatte ich das wirklich laut ausgesprochen? Die Worte schienen im Raum zu schwingen, Michael und ich sahen uns in die Augen. Ich rechnete damit, dass Michael, der von Esoterik nichts hält und völlig in seinem Verstand gefangen ist, aufstehen und den Raum verlassen würde. Alle im Raum schienen kollektiv den Atem anzuhalten.

Bis auf den, der für den 4. Ahn stand. Ihm liefen Freudentränen über das Gesicht, er rannte auf Michael zu und schloss ihn in seine Arme. Da begann auch Michael bitterlich zu weinen. Wir waren alle wie vom Donner gerührt.

In dieser Gruppe war auch meine Freundin Ute dabei. Ute hat schon immer für diese Sternenfamilie ein offenes Ohr, ich hatte sie deshalb oft belächelt – bis zu diesem Tag! Ute und ich schauten uns kurz an und verstanden uns blind. Ich klopfte sie als Michaels Heimatplaneten ein, ohne zu wissen, welcher es war. Ute stand in der Planetenenergie, und wir spürten, wie sich die Energie im Raum deutlich verwandelte. Eine tiefe, unbeschreibliche Liebe war deutlich zu spüren, und obwohl Michael und die anderen im Raum nicht wussten, wofür ich Ute aufgestellt hatte, zog es alle im Raum zu Ute. Es war regelrecht magnetisch. So eine intensive Schwingung hatte ich noch nie erlebt. Jeder wollte Ute umarmen, jeder im Raum tankte eine ganz besondere Liebe.

Hier Utes Sicht der Dinge:

Ich beschäftige mich schon seit einigen Jahren mit unseren Sternengeschwistern und auch der Planetenenergie in uns. Aber auch für mich war das Erlebnis, als Planet zu stehen, ein ganz besonderes. Silke hatte mir nicht gesagt, als was sie mich „eingeklopft" hatte. Ich nahm wahr, wie ich auf einmal riesengroß und rund wurde. Spürte eine große Kraft in mir und ein Gefühl der bedingungslosen Liebe in mir aufsteigen. Das ist ein Gefühl, das nicht wirklich zu beschreiben ist, ich aber schon einmal zu einem anderen Anlass erlebt hatte, als ich als Medium für die Liebe stand.

Mir war diese Energie also bekannt, und ich hatte keine Angst davor. Deshalb hatte das Universum wohl dafür gesorgt, dass ich an diesem Wochenende bei der Aufstellung dabei war. Meine Teilnahme war nämlich ursprünglich gar nicht geplant, und eigentlich wollte ich auch schon früher wieder heimfahren. Aber es schneite dann so stark, dass ich dann doch beschloss, noch eine Nacht zu bleiben. Da also stand Michael vor mir, und ich werde nie vergessen, was ich in seinen Augen sah... Hinter seinen Pupillen hatte sich der Weltraum geöffnet. Ich sah in die unendlichen Tiefen des Alls und spürte diese tiefe Verbindung zu der Urheimat, die uns verband. Ich sagte zu Michael: „Ich bin dein Zuhause", und er sagte nur „Ich weiß..."

Ich bekomme heute noch eine Gänsehaut, wenn ich an diesen Moment denke... Dann fragte Silke die anderen Teilnehmer, ob sie diese Energie auch spüren möchten, und so kamen alle zu mir und berührten mich. Diejenigen, die nicht nah genug an mich herankamen, berührten die Person, die ihnen am nächsten stand, und so entstanden mehrere Kreise mit Menschen, die alle mit der Energie der bedingungslosen Liebe verbunden waren.

Und ich spürte die Energie fließen... Was für ein wahnsinnig berührendes Gefühl... Heimat... für alle, die sich hier nicht zu Hause fühlen: Das erste Mal das Gefühl der Heimat... angekommen zu sein... Geborgenheit... die Suche ist beendet...

Seit diesem Erlebnis trage ich die tiefe Gewissheit in mir, dass ich mich jederzeit mit der Heimatenergie verbinden kann, wenn ich Hilfe hier auf der Erde brauche. Das gibt mir Kraft und Halt in schwierigen Zeiten. Danke, danke, danke, liebe Silke, dass du mir dieses Erlebnis ermöglicht hast!

Mein Tipp für alle die sich hier nicht zu Hause fühlen: Verbindet euch mit eurer Heimatenergie, und ihr werdet Frieden, Halt und Kraft in dieser Energie finden!

Natürlich ist all das, was ich erzählt habe, nur beim Lesen nicht nachvollziehbar. Aber in mir hat dieses Erlebnis eine Wandlung bewirkt, und in Michael auch. Und natürlich haben wir hier in der Ahnenreihe an der Stelle noch intensiv gearbeitet, und Michael bekam einen völlig neuen Blickwinkel auf sich.

Und ich begann, erstmals wirklich zu begreifen, dass bei einigen Menschen ihre Planetenenergie nicht vollständig gelöscht ist und es sie wirklich gibt. Jetzt hatte sich das im Rahmen einer medialen Ahnenaufstellung gezeigt, aber ich denke, das musste so kommen, damit ich es annehmen konnte.

Ich habe aus diesem Tag so unglaublich viel gelernt. Ich nehme inzwischen gleich am Anfang einer Sitzung bewusst die Schwingung des jeweiligen Klienten wahr und weiß in Sekundenschnelle, ob jemand Planetenenergie hat. Leider sehen wir das oft als negativ an, da viele Spielfilme völlig überzogen sind und uns falsch geprägt haben.

Menschen, die zu viel Planetenschwingung eines anderen Planeten oder Sonnensystems haben, kommen aus der bedingungslosen Liebe. Oft kommen sie mit der Liebesschwingung auf der Erde nicht zurecht, da hier die Liebe an Bedingungen geknüpft ist. Diese Menschen sind oft extrem schwer im Herzbereich, fühlen sich schuldig, weil sie glauben, nicht wirklich zur Liebe fähig zu sein. Wenn sie aber verstehen, dass sie eine andere Schwingung in Sachen Liebe haben, wird es für die meisten viel leichter, sich selbst zu verstehen und anzunehmen. Auch das kann eine der Ursachen sein, wenn es in einer Beziehung stagniert. Natürlich gehört dieses Thema mehr in das Inkarnationsthema, und doch finde ich es wichtig, es besonders zu betrachten, weil ich mir sicher bin, dass alleine einigen Menschen beim Lesen dieser Zeilen geholfen werden kann.

Und nun ein Hinweis für alle, die, so wie ich früher, nicht daran glauben: Bitte dieses Kapitel einfach überspringen!

Schwermetallbelastung

Auch das ist ein Thema, das im Begriff *Seelenverträge* mit eingebunden ist. Allerdings ist die Schwermetallbelastung so oft unterschätzt, dass ich dieses Thema hier unbedingt behandeln möchte, auch wenn ich mir damit bei vielen Heilpraktikern und Ärzten keine Freunde mache, und doch ist es in der heutigen Zeit immens wichtig, da mit einer Schwermetallbelastung oft Antriebslosigkeit, Gliederschmerzen und manchmal sogar Depressionen einhergehen.

Die Ursachen von Depressionen werden oft spirituell der Ahnenreihe zugeschrieben, während die Schulmedizin darauf überhaupt nicht eingeht. Dabei ist es wichtig zu schauen, wie hoch die Schwermetallbelastung im Blut ist. Nicht nur alle Impfstoffe werden in Schwermetalllösungen aufgelöst, auch Amalgam-Füllungen werden munter entfernt, ohne dass der Patient entsprechend geschützt wird. Als Folge kommen die beim Bohren entstehenden Kleinstteile von Amalgam in den Speichelfluss und somit ungefiltert in den Körper.

Das sind nur zwei von vielen Möglichkeiten, die zu einer hohen Schwermetallbelastung führen können.

Spannend finde ich in dem Zusammenhang auch, dass der Körper das lange Zeit wirklich gut wegsteckt, bis es zu einer seelischen Erschütterung kommt. Das können beruflicher Stress, Beziehungsprobleme, ein Todesfall, ein Unfall oder Ähnliches sein. Wir haben die Schwermetalle fleißig eingelagert, und oft beginnen Knie- oder Ellenbogenschmerzen, wenn die Schwermetalllager im Körper durch die seelische Erschütterung freigesetzt werden. Viele Menschen geraten so mit der Zeit in eine tiefe Müdigkeit, die bis zur Depression führen kann.

Leider wird hier zu wenig von den Medizinern in Europa darauf geachtet, manche belächeln das Thema sogar, obwohl gerade in den USA bei den Medizinern bekannt ist, dass eine solche Belastung durchaus die Ursache für eine Depression sein kann. Ganz anders die Umweltmediziner, die durchaus auch im deutschen Raum dafür sensibilisiert sind.

Wie bereits erwähnt, lässt sich die Schwermetallbelastung mit einem entsprechenden Bluttest nachweisen.

Ich möchte hier noch einmal auf ein Thema eingehen, das oft eng mit der Schwermetallbelastung verbunden ist und auch in der Ahnenreihe eine Rolle spielt: Das Krankheitsbild Autismus.

Aus meiner langjährigen Erfahrung heraus kann ich Folgendes sagen: Oft wiederholt sich das Krankheitsbild mehrmals in der Ahnenreihe, oder es taucht weder in der männlichen noch in der weiblichen Linie auf. Oftmals liegt eine Schwermetallbelastung im Säuglingsalter vor (gegebenenfalls kann eine Impfung die Ursache sein), oder das Kind übernimmt im Mutterleib die Schwermetallvergiftung der Mutter.

Eine Schwermetallausleitung ist zwar langwierig, aber ein Geschenk für den Körper.

Mein Tipp, auch wenn ich hier keine Firma nennen darf: Handele entgegen den Empfehlungen der Heilpraktiker und besorge dir Chlorella-Koriander-Presslinge für mindestens drei Monate. Die Heilpraktiker raten meist erst zu Chlorella (Alge), und dann zu Koriander. Doch das Zusammenspiel der beiden Stoffe von Anfang an sorgt für das Auslösen der Metalle und den gleichzeitigen Abtransport. Viele Apotheken führen dieses doppelte Paket leider nicht, und man muss entweder auf einen bekannten TV-Sender oder das Online-Geschäft zurückgreifen.

Ich sage das ungern, weil ich ein großer Fan bin, im Ladengeschäft vor Ort zu kaufen.

Wichtig ist dabei immer, mit zu prüfen, ob das nicht eine mögliche Ursache sein kann, wenn du deine Themen angehen möchtest.

Der wichtigste Merksatz, warum ich mich in einem Ahnenbuch so ausführlich damit beschäftige, ist der:

Nur wenn du die Quelle kennst, weißt du, wo der Lösungsansatz wirklich liegt!

Wie kannst du die Quelle für deine Themen finden, wenn du nicht medial geschult sein solltest? Keine Angst auch das geht.

Du solltest dich nur mit einem Satz vertraut machen: Dein Körper lügt nie! Das machen wir uns zunutze, wenn wir uns auf die Suche nach der Quelle machen. Nimm bitte acht Din-A4-Blätter zur Hand und einen Stift. Schreibe bitte pro Blatt nur einen Begriff auf. Nämlich folgende:

- **Vorleben,**
- **Ahnen,**
- **Kindheit,**
- **Energieschnüre zu Personen,**
- **Energieschnüre zu Gelübden und Schwüren,**
- **Seelenvertrag,**
- **Planetenenergie**
  und
- **Schwermetallbelastung.**

Drehe die Blätter nach der Beschriftung um und mische sie vorsichtig wie ein Kartenspiel, sodass du nicht mehr weißt, was auf welchem Blatt steht. Dann lege die Blätter einzeln auf den Boden, mit der Schrift nach unten. Es ist ganz wichtig, dass du nicht weißt, was auf welchem Blatt steht. Und achte bitte auch darauf, dass sich kein Stift durchdrückt. Konzentriere dich jetzt auf das Thema, das dich beschäftigt und wozu du die Quelle wissen möchtest. Nimm dir einen Moment Zeit und frage dann:

Welches ist die Ursache für mein Problem ....?

Stell dich jetzt der Reihe nach auf jedes Blatt. Nimm dir bitte Zeit und achte genau darauf, wie du dich dabei fühlst. Das Blatt, das in dir die meiste Resonanz hervorruft, ist die Quelle.

Aufgepasst: Manchmal können es auch zwei Quellen sein, dann solltest du dein Thema auch von beiden Seiten beleuchten und bearbeiten.

Unterschied zwischen medialen Ahnenaufstellungen und dem herkömmlichen Familienstellen

Das ist eine Frage, die ich sehr oft beantworten muss, was ich ziemlich schwierig finde.

Grundsätzlich entscheidet sich der Aufstellende, ob er seine weibliche oder männliche Ahnenreihe sieben Generationen zurück aufstellt und wählt dann für die entsprechende Linie sieben Stellvertreter. Der Aufstellungsleiter nimmt sich hier Zeit, alles medial zu erfassen.

Einer meiner ersten Schritte ist dann, den siebten Ahn genauso wie den Aufstellenden zu fragen, ob sie eine Bindung zueinander spüren. In 98% aller Fälle besteht hier nur eine schwache oder gar keine Bindung. Nebenziele einer medialen Aufstellung sind es, die Bindung wieder herzustellen und die Liebe durch alle sieben Generationen weiterzugeben.

Dann schaut sich der Aufstellungsleiter, beginnend von hinten, jede Generation genau an, insbesondere achtet er darauf, wie das Verhältnis zu der Person in der Ahnenreihe vor ihm ist. Dann beginnen die „Aufräumarbeiten" immer von hinten, beginnend beim siebten Ahn, und man prüft das Verhältnis zum sechsten Ahn.

Ein medialer Aufstellungsleiter sieht sofort, wo Stärken und Schwächen sind und welche Problematik aus den betreffenden Leben dahintersteht. Die Stellvertreter für die jeweilige Generation müssen hier weder intensiv hineinspüren, noch viel sagen. Der Aufstellungsleiter zieht die Querverbindungen zum Aufstellenden und beginnt bei allen Teilnehmern auch die Dinge im Nachhinein zu entwirren und, vor allem, in die Auflösung zu bringen. Ein erfahrener Aufstellungsleiter erfindet hier keine Märchen, sondern bekommt klare Impulse aus der Geistigen Welt. Es wird insbesondere in jeder Generation darauf geachtet, Krankheitsmuster, Ängste und Schuldgefühle zu löschen, damit der Ahn am Ende der Ahnenreihe (der Aufsteller) leichter durch das Leben gehen kann. Das Auflösen, nicht nur das Aufzeigen der Problematik, ist wohl das wichtigste Unterscheidungsmerkmal. Ich lösche zum Beispiel sofort Glaubensmuster, Ängste und besondere Themen aus der körpereigenen Zellerinnerung, aus dem eigentlichen Energiefeld des Aufstellers, und ziehe energetisch Bögen bis zu den Kindern des Aufstellenden. Dabei ist es besonders wichtig, auch die Nachkommen der Ahnenreihe energetisch zu berücksichtigen.

Auch das musste ich erst im Laufe dieser Arbeit lernen. In der Praxis hatte sich nämlich manchmal gezeigt, dass der Aufstellende nahezu angstfrei nach Hause gehen konnte, die Kinder zu Hause jedoch ihr Angstpaket verstärkt hatten. Wichtig ist es hier, gegebenenfalls die Kinder und Enkelkinder energetisch mit in eine Aufstellung zu stellen oder einfach einen Energiebogen zu schlagen. Seit ich das regelmäßig am Ende einer solchen Aufstellung mache, haben sich diese Dinge zum Glück nicht mehr wiederholt.

Besonders Menschen, die große Themen mit Ängsten haben, die sie nicht rational erklären können, gehen nach einer medialen Ahnenaufstellung bedeutend leichter durch das Leben.

Nun gibt es natürlich zahlreiche Wege, um mithilfe der Ahnenarbeit an dieses Ziel zu kommen, und ich versuche, dir in diesem Buch auch die andere Wege aufzuzeigen. Es ist nicht immer zwingend eine Ahnenaufstellung erforderlich!

Erste Kontaktaufnahme zu den Ahnen

Bitte mache dir zuerst Folgendes bewusst:

Sieben Generationen ist in etwa die Zeitreise zwischen 300 und 350 Jahren zurück. Eine stolze Zahl, oder?

Wenn wir von 2019 zurückgehen, sind wir ca. im Jahr 1719 (von 300 Jahren ausgehend, was im Schnitt realistischer ist).

Kleine Übung

Stell dich jetzt vor einen Stuhl oder einen Sessel. Atme bewusst tief ein und aus und bitte deine Ahnen, die ganze Liebe deiner beiden Ahnenreihen energetisch auf den Stuhl zu packen. Setze dich jetzt bitte im Zeitlupentempo auf den Stuhl beziehungsweise Sessel und spüre, wie liebevoll die Energie ist. Auch wenn du eventuell in deiner Kindheit nie Liebe empfangen hast, so garantiere ich dir, dass es in dieser Ahnenreihe Liebe gibt. Also hab bitte bei dieser Übung keine Bedenken.

Bedanke dich bei deinen Ahnen für ihre Mühe.

Als Nächstes empfehle ich dir, ein Blatt Papier zu nehmen und aufzuschreiben, welche Themen du gerne in deinem Leben angehen möchtest. Wo hängst du, wo hast du das Gefühl, nicht weiterzukommen oder aus einem Muster nicht herauszukommen? Welche Themen holen dich immer wieder ein?

Stecke das Papier jetzt weg und schau es dir erst wieder an, wenn du mit den Übungen im Buch durch bist. Meistens ist es unglaublich, was sich verändert.

Inzwischen habe ich zahlreiche mediale Ahnenaufstellungen gemacht, aber eins fällt fast immer sofort auf: Die Bindung zwischen dem 7. Ahn und dem Aufsteller ist vor der Aufstellung meistens so gut wie gar nicht vorhanden. Das finde ich spannend. Oft trägt der 7. Ahn schwer an den Reihen, die vor ihm gelebt haben. Der 7. Ahn ist so unglaublich wichtig, er ist sozusagen deine Urmutter, dein Urvater deiner Ahnenreihe. Er sorgt für Struktur, Spiritualität und dafür, dass deine Ahnenreihe stabil steht.

Zusammenfassung:

Die Bereitschaft, die Ahnenreihe zu klären und zu heilen ist also der erste Schritt zu einem Neuanfang. Von daher bitte ich dich, die Macht des gesprochenen Wortes zu nutzen. Bitte sage jetzt laut:

„Ich bin bereit, meine Ahnenreihe zu klären, zu reinigen und zu versöhnen!"

Gerne kannst du es auch aufschreiben und dorthin legen, wo es sich für dich in deiner Wohnung stimmig anfühlt.

Ein Platz für unsere Ahnen

Zuerst wollte ich dieses Kapitel mit der Überschrift „Ahnen-altar" versehen. Das Wort *Altar* schreckt natürlich viele – mich einschließlich – ab. Wir verbinden das Wort Altar im Kopf viel zu sehr mit den Kirchen, wobei Altar übersetzt schlicht und ergreifend „Opfertisch" bedeutet.

Auch nicht wirklich freundlich, oder? Opfer? Müssen wir unseren Ahnen ein Opfer bringen? Bin ich etwa das Opfer mei-ner Ahnenreihe? Was so ein simples Wort in mir auslösen kann. Sollte ich meine Wortwahl ändern, wenn ich meinen Klienten empfehle, einen kleinen Ahnenaltar zu errichten, oder muss ich mein persönliches Kopfkino ändern? Wenn es aber auf mich so abstoßend beim Schreiben wirkt, wie wirkt es dann erst auf dich als Leser?

Ich hätte nie gedacht, dass mich etwas Alltägliches so be-schäftigen könnte. Noch vor 100 Jahren war es in den Familien gang und gäbe, den Ahnen eine Ecke im Haus einzurichten. In Bayern findet man das übrigens in vielen Bauernhäusern heute noch. Ich selbst habe ja eine Ahnenreihe, die mütterliche Seite, die mir sehr vertraut ist und die ich sehr liebe. Die Seite meines Vaters kenne ich kaum, obwohl er zahlreiche Geschwister hat. Gerade weil ich zu dieser Ahnenreihe so gar keine Bindung hat-te, war es für mich sinnvoll, mit diesen Ahnen zu arbeiten. In-zwischen habe ich einen Ahnenteller, einen großen Tonteller, auf dem ich immer mal wieder Dinge platziere, die ich im Wald finde und die mich besonders ansprechen. Dazu stehen bei uns immer eine Kerze und das Foto meiner Großeltern bei diesem Teller. Wenn ich ein Muster aus der Ahnenreihe erkenne, mich etwas beschäftigt oder sich schwer anfühlt, schreibe ich es auf und lege es unter den Teller. Nach 21 Tagen nehme ich meinen Zettel mit dem Anliegen wieder weg und verbrenne ihn. Die Asche verstreue ich in der Natur und bedanke mich bei meinen Ahnen für die Inspiration.

Klar klingt das, als hätte ich eine riesige Macke. Ich kann dir aber aus eigener Erfahrung berichten, dass es für mich immer sehr heilsam war, und ich mich oft selbst viel besser verstanden habe, wenn ich dieses Ritual auf meinem Weg beibehalten habe. Mich stimmt meine Ahnenecke friedlich, und wenn ich neue Inspiration suche, kann ich mich oft in totaler Stille davorsetzen und mit meinen Ahnen im Geiste kommunizieren.

Übrigens war mein Großvater väterlicherseits auch der Erste, der mir intensiv begegnete, als ich mich für die Geistige Welt geöffnet hatte. Leider habe ich ihn nie kennenlernen können, da er verstarb, als mein Vater drei Jahre alt war. Er war es auch, der mich bei einem Jenseitskontakt vor Jahren dazu gebracht hat, einen Vortrag meines jetzigen Mannes zu besuchen, der mir zum damaligen Zeitpunkt völlig unbekannt war. Aber das ist eine andere Geschichte, und die, liebe Leserin, lieber Leser, erzähle ich dir gerne ein anderes Mal privat.

Es ist spannend, wie Ahnen mit einer ganz sanften und subtilen Führung helfen. Wir müssen nur entscheiden, ob wir uns die Zeit nehmen, mit ihnen in Kontakt zu kommen. Schon aus diesem Grund empfehle ich dir von Herzen, dir solch eine Gedenkecke einzurichten. Mach dir aber bitte an dieser Stelle bewusst: Die Ahnen (zumindest die Verstorbenen!) haben keinerlei Forderungen an dich. Sie sind deinen Weg vor dir gegangen, haben ihn bereitet, mit ihren Erfahrungen geprägt und sowohl die schweren Verstrickungen als auch ihre Stärken, ihre Liebe in dein ganz persönliches Ahnenfeld getragen.

Übrigens werden unsere Verstorbenen inzwischen in viele Feiern mit einbezogen. Man widmet ihnen auf Hochzeiten oder Geburtstagen einen Tisch mit ihren Fotos und manchmal sogar mit ihren persönlichen Gegenständen. Ich finde diesen Brauch aus der Neuzeit wunderschön und hoffe, dass er weitere Kreise zieht.

☆☆☆

Opfer ihrer Zeit

Ahnenwochenende, das heißt: mediale Ahnenaufstellung.

Dieses Mal kannte ich so gut wie keine der angemeldeten Personen. Als Jana vor mir stand, ahnte ich nicht, dass ich durch sie eine der berührendsten Geschichten meiner Arbeit erleben durfte.

Sie wirkte nervös, irgendwie völlig fehl am Platze. Ihr langes Haar hatte sie zu einem Pferdeschwanz gebunden, die Augen huschten unruhig hin und her, bis sie sich für einen Stuhl im Raum entschieden hatte. Ich ging auf sie zu, um sie zu begrüßen, streckte ihr meine Hand entgegen und war erstaunt: Ihr Händedruck war fest, viel fester, als ich es erwartet hätte. Sie musterte mich kritisch, und ich wusste nicht, ob ich diese Prüfung bestanden hatte. Ich verkniff mir die Frage, ob sie freiwillig hier war, und machte sie mit der restlichen Gruppe bekannt. Doch sie zog sofort eine nicht sichtbare Grenze, und ihre Miene ließ nicht zu, dass irgendwer diese Linie überschritt.

Als es losging, war sie gleich die erste Freiwillige, die aufstellen wollte. Ihr trockener Kommentar: „Ich möchte es schnell hinter mich bringen", ließ mich schlucken. Jana entschied sich blitzschnell für die männliche Ahnenreihe. Also suchte sie sich die Stellvertreter für ihre Ahnenreihe aus.

Nach meiner Methode geht es hauptsächlich darum, die Liebe durch diese Ahnenreihe wieder fließen zu lassen und die Schwere aufzulösen, die eine Ahnenreihe so mit sich bringt. Ich erinnere mich nicht mehr, was in den hinteren Ahnenreihen los war, denn der Wendepunkt zeigte sich bei ihrem Großvater. Er sah sich als Außenseiter in dieser Ahnenreihe, interessierte sich weder für die Ahnen vor ihm, noch für die Ahnen hinter ihm. Jana würdigte er keines Blickes. Er war nicht fähig, die Liebe in dieser Ahnenreihe weiterzugeben.

Instinktiv stellte ich eine Person als Großmutter dazu. Beide fingen haltlos an zu weinen und klammerten sich aneinander fest. Jana schien das kalt zu lassen. Ich sagte laut: „Jana, die beiden haben sich im Krieg verloren und nicht wiedergefunden. Die waren so verbunden, deine Oma hat das nie verkraftet, weil sie keine Chance hatte, sich zu verabschieden."

Wir holten das Verabschiedungsritual nach, und siehe da, er gliederte sich wieder in die Ahnenreihe ein. Nun geschah etwas Merkwürdiges: Jana entfuhr ein Schrei, und sie hielt sich ihren Herzbereich. Dann begann sie bitterlich zu weinen und sackte zusammen, ich konnte sie gerade noch auffangen. In ihrem Energiefeld nahm ich einen jungen Mann wahr, der bei einem Motorradunfall ums Leben kam, und begriff schlagartig: Jana hatte auch ihre große Liebe verloren und sich nicht verabschieden können.

Es war der richtige Moment, um Jana aufzufangen und sie in ihren Heilungsprozess zu geben, womit ich mich an dieser Stelle nicht aufhalten will, da dies für den Verlauf dieser Geschichte nicht wirklich eine Rolle spielt.

Nachdem wir Janas Ahnen aufgeräumt hatten und Jenseitskontakte einfließen ließen, sagte Jana etwas, was mich sehr belastete. Hatten doch bisher nach all meinen zahlreichen Ahnenaufstellungen sich viele die Mühe gemacht, meine getroffenen Aussagen zu kontrollieren. Noch nie war mir folgender Satz um die Ohren gehauen worden:

„Silke, du musst dich irren. Ich habe meinen Großvater väterlicherseits noch gekannt."

Das war ein herber Schlag für mich. Die einzige Antwort kam von dem verstorbenen Großvater, und wir konnten alle damit nichts anfangen. Er sagte nämlich nur: FLIEGENDE FJORDE!

Die Sichtweise von Jana, die Briefe und die Geschichte darf ich veröffentlichen, mit freundlicher Genehmigung von Jana Haselmeyer. 1000 Dank, liebe Jana!

Fliegende Fjorde *oder* Die Sicht von Jana

Als ich von einer Freundin das erste Mal von Silke hörte, konnte ich ihre Begeisterung nicht teilen. Ein Medium – meine nüchterne Freundin ging zu einem Medium! Sie erzählte voller Überschwang von ihrer Einzelsitzung, den Jenseitskontakten und der Ahnenaufstellung. Aber ich war viel zu nüchtern für sowas. Auch wenn der Tod meines Lebensgefährten zwei Jahre her war, konnte ich ihren Erzählungen nicht glauben. Wir redeten bald über andere Themen, und schon auf dem Nachhauseweg dachte ich nicht mehr über dieses Thema nach. Aus den Augen, aus dem Sinn. Für mich war es unvorstellbar, zu einem Medium zu gehen.

Dann kam mein Geburtstag, und meine Freundin schenkte mir freudenstrahlend eine Ahnenaufstellung bei Silke. Juhu, das konnte ja heiter werden. Ich brachte es nicht fertig zu sagen: Davon will ich nichts wissen. Aber ich ging hin – überkritisch und schlecht gelaunt.

Silke öffnete selbst die Tür, stellte sich vor, und ihre Fröhlichkeit ging mir sofort auf die Nerven. Ich war wild entschlossen zu zeigen, dass sie nur ein Scharlatan sei und diese Ahnenarbeit ein Griff ins Klo.

Doch schon als meine Ahnen dastanden, passierte etwas mit mir. Mein Herz klopfte wie wild, und ich war bitter enttäuscht, als Silke den 7. Ahn fragte, ob er eine Bindung zu mir hätte und er das verneinte. Stück für Stück räumte Silke die Ahnenreihe von hinten nach vorne auf, erzählte genau, was da gerade im Argen war, und ich war erstaunt. Jedes Thema, das Silke in meiner Ahnenreihe aufdeckte, stand in engem Bezug zu mir. Ich war sehr bewegt und verzweifelt bemüht, meine ablehnende Haltung nicht aufzugeben. Das konnte doch alles nicht wahr sein!

Dann ging es zu meinem Großvater, und ich erstarrte zu Eis, als ich sah, was sich abspielte. Ich kannte meine Großeltern und hatte ihre Ehe nur als Zweckgemeinschaft erlebt. Jetzt erzählte mir Silke von der großen Liebe der beiden, von Verlust und davon, dass sie sich nicht hatten voneinander verabschieden können. Was für ein Quatsch! *Ich* hatte mich nicht von meinem Lebensgefährten verabschieden können, meine Oma sehr wohl.

Doch Silke arbeitete unbeirrt weiter. Sie gab Botschaften durch, löste energetisch auf und sagte, es würde immer wieder der Begriff *Fliegende Fjorde* fallen. Damit konnte ich überhaupt nichts anfangen. Ich hatte das Gefühl, dass sich mein ganzer Herzbereich schmerzhaft zusammenzog. Ich sackte zusammen, und in dem Moment war Silke da. Sie fing mich großartig auf, mein Mühlstein im Herzbereich begann sich zu lösen, und das erste Mal seit der Beerdigung meines Toms konnte ich weinen. Das tat so unglaublich gut. Ich war Silke dankbar.

Trotzdem musste ich ihr sagen: Mein Großvater hat den Krieg überlebt. „Fliegende Fjorde?" Was konnte das bedeuten. Ich beschäftige mich noch einige Tage damit. Schließlich hielt ich es nicht aus und fuhr die 200 Kilometer zu meiner Omi, nachdem meine Mutter mit meiner Geschichte auch nichts hatte anfangen können.

Ich liebe meine Omi, wusste aber nicht, wie ich beginnen sollte. Als wir an der Kaffeetafel saßen, fragte ich sie beiläufig, ob sie etwas mit *Fliegenden Fjorden* anfangen könnte. Die Kaffeetasse meiner Omi flog zu Boden, zerschellte in tausend Einzelteile, und sie blickte mich fassungslos an. Dann stand sie wortlos auf und bat mich mitzukommen. Ich folgte ihr ins Schlafzimmer, wo sie in einer Kommode zu kramen anfing und mir schließlich eine wunderschöne Holzkiste in die Hand drückte.

„Bevor ich erzähle, erzählst du mir, woher du von den *Fliegenden Fjorden* weißt", sagte sie mit leiser, trauriger Stimme.

Das war schnell erklärt. Und als ich die Geschichte meiner Großmutter hörte, hing ich an ihren Lippen, fühlte mit ihr und konnte nicht böse sein, dass sie all die Jahre geschwiegen hatte.

Eine typische Geschichte aus der Kriegszeit, die viele durchgemacht haben, doch diese gehört in meine Familie.

Meine Omi Theresa hatte 1938 in Heidelberg durch Freunde einen Mann kennengelernt. Er hieß Johann, war Ingenieur, und zwischen den beiden war es Liebe auf den ersten Blick. Er kam bald zu meinen Urgroßeltern, Fritz und Rosemarie, nach Hause und hielt um die Hand meiner Omi an. Sie durchlebten trotz des Krieges, der wie eine dunkle Wolke über beiden hing, eine glückliche und intensive Zeit.

Bald schon wurde Johann eingezogen. Sie schrieben sich, so gut es damals eben ging. Manchmal hörte sie wochenlang nichts von ihm. 1942 kam er nach einer kleineren Verletzung kurz auf Heimaturlaub. Nachts hielt er sie im Arm, erzählte vom Schrecken des Krieges und wie sehr er diese Sinnlosigkeit hasste. Er beichtete ihr, dass er sich wegen der Zensur kaum traute, die Wahrheit zu schreiben und dass er nicht an das Regime glaubte.

Meine Großmutter war jung und wollte in diesen Nächten nichts von seinen inneren Dämonen hören, sondern die kostbare Zeit genießen.

In einer dieser Nächte erzählte er ihr, dass er wieder in diesen sinnlosen Krieg ziehen müsste und es für ihn wieder nach

Norwegen ging, wo er stationiert war. Er erzählte ihr von der Schönheit dieses Landes, von seinen Träumen und den wunderschönen Fjorden. Und vom Meer, das meine Oma nur aus Erzählungen kannte.

Johann liebte dieses Land, doch was er dort erlebte, fraß ihn innerlich auf. Er erzählte ihr, dass er sich manchmal Geschichten ausdachte, die ihn ablenkten und die er niederschrieb. Dass er in den Nächten Norwegens sich so oft wünschte, die Fjorde könnten fliegen und ihn zu ihr tragen.

Bald schon war der Heimataufenthalt vorbei, und die beiden mussten Abschied nehmen. Als er ging, ahnten sie beide noch nicht, dass meine Mutter unterwegs war. Theresa war schwanger.

Sie sollten sich nie wiedersehen! Alles, was meiner Omi blieb, waren seine Briefe an sie. Der Brief von ihr, dass sie sein Kind unter dem Herzen trug, hatte ihn nicht mehr erreicht. Meine Oma zerbrach innerlich, und kurz darauf starb auch noch ihr Vater. Ihrer Mutter zuliebe heiratete sie dann hochschwanger ihren Nachbarn Christian, obwohl sie ihn nicht liebte. Christian und sie vereinbarten, dass das Kind nie erfahren sollte, dass es nicht sein eigenes war.

Meine Oma hatte all die Jahre ihre Geschichte verschwiegen, selbst meiner Mutter gegenüber. Ich weinte gemeinsam mit meiner Omi, die sichtlich erleichtert war, die Wahrheit gesagt zu haben. Sie trägt Johann noch heute in ihrem Herzen, obwohl sie noch nicht einmal weiß, wo er beerdigt ist. Aber seine Briefe, die hatte sie über die Jahre hinweg aufbewahrt – in dem Holzkästchen, das ich in meinen Händen hielt. Scheinbar hielt Johann die Zeit für gekommen, dass die Wahrheit ans

Licht kam. Ich bin mir sicher, er hat die FLIEGENDEN FJORDE nicht ohne Grund durch Silke an mich übermitteln lassen. Meine Omi sagte auch endlich unter vielen Tränen meiner Mutter die Wahrheit. Der Schock war groß. Doch am Ende hat uns drei Generationen diese Geschichte näher zusammenrücken lassen und die Geschichte, wie wir sie kannten, korrigiert, auch wenn dies nur durch eine Ahnenaufstellung möglich war.

Ich glaube auch, der Tod von Christian hat dazu beigetragen, dass meine Oma endlich sprechen konnte. Inzwischen habe ich alle Briefe von Johann gelesen und mit Silke noch lange Gespräche geführt. Die Briefe haben mich sehr berührt, mein Großvater muss ein toller Mensch gewesen sein. Seinen letzten Brief habe ich in Kopie Silke gegeben mit der Erlaubnis, ihn zu veröffentlichen.

Warum ich das möchte? Die Geschichte meiner Großeltern hat mich so sehr berührt, dass ich das Gefühl habe, meinem Opa durch die Veröffentlichung wieder einen Platz und Raum zu geben, der ihm durch sein jahrelanges Verschweigen genommen wurde. Für meinen eigentlichen Opa, den ich nie kennenlernen durfte, und für Christian, der mir immer ein wunderbarer Großvater war. Ihr seid beide Teile meiner Ahnen und werdet es immer sein.

Irgendwo in Norwegen am 7.10.42

Liebe Theresa,

wieder ein Geburtstag, den du ohne mich feiern musst. Du bist immer ein Stück bei mir, auch jetzt, wenn ich dir schreibe. Ich habe unsere Wohnstube genau vor Augen, sehe dich in deinem Sonntagskleid darin wirbeln und bin ein kleines Stück zu Hause. Die Sehnsucht nach dir gibt mir die Kraft, die ich brauche, um dem Heute noch ein Stück Morgen abzugewinnen.

Das Meer ist heute rau, die Wellen tanzen auf und ab. Sie verkörpern trügerischen Frieden und endlose Weite. Irgendwann darf ich dir das Meer zeigen und höre dein glockenhelles Lachen, sehe deine nackten Füße im Wasser waten. Diese Träume sind meine Zuflucht, mein Lebenselixier. Da ich dir kein Geburtstagsgeschenk machen kann, schicke ich dir wieder eine Geschichte. In der Hoffnung, dass auch du dich durch diese Worte weg vom Alltag träumen kannst und spürst, wie nahe ich dir bin. Fliegende Fjorde – aber für dich lebe ich! Ein Bild der Fjorde lege ich dir bei.

Ich liebe dich
Dein Johann

Der Troll, der aus der Kälte kam

Die Fjorde schimmerten im Morgenlicht, als hätte sie jemand mit Zuckerguss überzogen. Eine himmlische Stille lag über der Bucht, und die Menschen waren noch gefangen in ihrer schläfrigen Morgenstarre. Helvit, der kleine Bergtroll, versammelte seine Trollfamilie um sich, um die Tagesaufgaben zu verteilen.

Die Trolle waren ein emsiges Volk, achteten sie doch darauf, dass die Berge in der Bucht ihre Steinschätze vor den gierigen Augen der Menschen bewahrten.

Überhaupt – die Menschen! Helvit seufzte. Seit drei Jahren lebten die Menschen in der Bucht in ständiger Angst. Nachts klopften Männer mit Stiefeln an die Tür und nahmen Menschen einfach mit. Oft hallten Schüsse durch die dunkle Nacht, die die Trolle in Angst und Schrecken versetzten. Nein, Helvit war nicht gut auf die Menschen zu sprechen. Was machten sie da? Ein tiefer Seufzer entwich ihm. Kerra, seine Trollfrau, schaute ihn liebevoll von der Seite an und nahm seine Hand. Gemeinsam standen sie vor ihrer großen Familie, die sie abwartend anschaute.

„Orij, du kümmerst dich bitte um die Kristalle in der rechten Felsnische und achtest darauf, dass der magische Elfenstein für die Elfen noch genug Kraft hat. Der angesprochene Troll nickte. Orij war ein junger Troll, ein Neffe von Helvit und immer für Dummheiten und Schabernack zu haben. Helvit achtete peinlich genau darauf, ihm keine Aufgaben in Nähe der Menschen zuzuteilen. Im Gegensatz zu seinem restlichen Verbund kannte der junge Troll einfach keine Angst, keine Mutprobe, die er nicht ersonnen hatte.

Er sorgte sich um den kleinen Troll, der gerade erst 78 Jahre alt war. Kein Alter für einen Troll. Helvit selbst war 334 und hatte erst vor zwei Jahren die Nachfolge seine Vaters angetreten, der 558 Jahre alt geworden war. Orij war sein Sorgenkind, weil er ein Tagträumer war, der hin und wieder völlig Unüberlegtes tat. Dieser trug heute knallrote Hosen und ein quietschgelbes Oberteil. Seine stahlblauen Augen strahlten in seinem faltigen Trollgesicht, und seine lange Nase war von einem hartnäckigen Schnupfen ein wenig rot.

Er nahm seine Aufgabe zur Kenntnis, schnappte sich den kleinen goldenen Spaten und sauste los in Richtung Felsnische. Er liebte es, die Energiepole der Kristalle aufzuladen und den magischen Elfenstein zu reinigen. Am Elfenstein angekommen, hörte er ein lautes Schluchzen. Erst konnte er nicht ausmachen, woher das Weinen kam. Schließlich, als er um die Ecke bog, sah er dort ein Elfenmädchen sitzen. Seine blonden Locken bauschten sich sanft im Wind, das weiße Kleidchen war schlicht und in den Händen hielt es einen Efeuzweig.

Orij stutzte. Kontakt zu Elfen war eigentlich nicht verboten, oder? Er wusste es nicht, denn noch nie hatte er ein Elfenkind so aus der Nähe gesehen.

„Warum weinst du?", fragte er schließlich, nahm all seinen Mut zusammen und reichte der Elfe ein Taschentuch aus seiner Hosentasche. Erstaunt hielt die kleine Elfe inne, betrachtete den Troll mit dem zerfurchten Gesicht, und ihr Schluchzen verstummte.

„Die Menschen sind so unglücklich. ihre Trauer, ihre Ängste übertragen sie auf die Pflanzen um sich herum, und die Pflanzen sterben nach und nach an gebrochenem Herzen. Und jetzt auch noch der alte Haselnussbaum, für den ich zuständig bin. Ich sollte ihn behüten, beschützen und kann es nicht mehr. Er hat sich aufgegeben, weil die Menschenkinder, die eine Hütte in seine Äste gebaut haben, nicht mehr zum Spielen kommen. Kein Lachen ertönt mehr aus dem Haus."

Wieder begann das kleine Elfenmädchen zu weinen. Hilflos stand Orij daneben. Die Tränen rührten ihn zutiefst. Auch wenn er nicht wirklich wusste, was ein Haselnussbaum war.

„Kann nicht der magische Elfenstein helfen?", fragte er die kleine Elfe, die ihn verständnislos anschaute. „Er lädt doch Kraft auf, vielleicht auch vom Haselnussbaum." „Ich kann den Baum doch nicht zu unserem Stein bringen", seufzte die Elfe. „Aber vielleicht der magische Elfenstein zu ihm?", fragte Orij hoffnungsvoll. „Zu schwer", sagte die kleine Elfe traurig. Schweigend sahen sie sich an, keiner fand die richtigen Worte. Da legte die Elfe beide Hände auf den magischen Stein und rief:

„Lieber Stein, mein Haselnussbaum muss leben. Ich liebe ihn so sehr, seine Wurzeln sind so stark, sein Stamm so kräftig, und doch ist er so traurig, dass er nicht mehr wachsen und gedeihen, sondern sterben will." Eine Träne der kleinen Elfe fiel auf den magischen Stein, und dann, plötzlich, geschah es: Ein gewaltiges Grollen fuhr durch die Bucht, der Fjord mit dem magischen Stein wirbelte durch die Gegend und stieg höher und höher. Orij und die kleine Elfe zog er mit in die Höhe, und sie flogen durch Raum und Zeit. Keiner hat sie jeder wieder gesehen.

Und das ist der Grund, warum die Fjorde in dieser Bucht wie abgebrochen aussehen. Und wenn Orij und die kleine Elfe nicht gestorben sind, fliegen sie noch heute mit dem magischen Stein und retten die Bäume hinüber in eine friedlichere Welt.

Ende

Mich selbst hat diese Ahnenaufstellung mit diesem wundersamen Brief und der schönen Geschichte sehr berührt. Ich bin dankbar, dass sich alles, was anfänglich so falsch aussah, doch noch aufgelöst hat und die Verkettung der Umstände die drei Frauen dieser Ahnenreihe in die Wahrheit geführt hat. Und ich glaube, Johann freut sich, dass seine Zeilen wieder aus der Versenkung aufgetaucht sind.

Wenn in der Ahnenreihe jemand nicht in der Heimaterde beigesetzt wurde

Wenn du einen Stein ins Wasser wirfst, zieht das Wasser an der Oberfläche seine Kreise. So ähnlich lassen sich die Auswirkungen beschreiben, wenn ein Ahn nicht in seiner Heimaterde beigesetzt worden ist. Hier muss ich ein wenig ausholen, damit du verstehst, was ich meine.

Jeder von uns verbindet mit dem Begriff *Heimat* etwas Eigenes. Wenn jemand bewusst auswandert und dort verstirbt, ist das nicht die Situation, auf die ich hier hinausmöchte. In den letzten zwei Weltkriegen oder auf den früheren Schlachtfeldern sind viele Tote zurückgeblieben, oftmals notdürftig in Massengräbern verscharrt, oder sie wurden einfach liegen gelassen. In Frankreich, in Douaumont bei Verdun, gibt es in der Kriegsgedenkstätte ein Beinhaus, wo alle auf den Schlachtfeldern des Ersten Weltkrieges gesammelten Skelettteile hinter Glas ausgestellt sind, sozusagen als Mahnmal.

Beim Schüleraustausch mit Frankreich war das ein Pflichtbesuch, und ich denke noch heute mit Schrecken daran zurück, was dieser Besuch damals in mir ausgelöst hat. Er hat mich bis heute geprägt, und ich empfinde es als schlimm, wenn Krieg verharmlost wird oder uns Bilder eines „sauberen" Krieges gezeigt werden, der nur in der Luft ausgetragen wird und natürlich nur militärische Ziele trifft.

Die Energie im Beinhaus in Frankreich ist, trotz des Themas, sehr ruhig und friedlich. Man hat versucht, den Verstorbenen in diesem Monument ein Stück Würde zurückzugeben.

Auch die Flüchtlinge, die ihre Heimat im Zuge der Kriege verlassen mussten, man denke zum Beispiel an die große Thematik nach dem Zweiten Weltkrieg in Ostpreußen, spielen bei unserer Ahnenarbeit eine wichtige Rolle. Vertreibung, Flucht, um das Leben zu retten, aber auch der Verlust der Heimat, des eigentlichen Zuhauses, hing wie ein Schock über den Menschen jener Zeit. Die auf diese Weise Verstorbenen oder Vertriebenen, die ihre Heimat bis zu ihrem Tod nie wiedergesehen haben, tun uns natürlich nichts mehr. Auch nicht aus dem Jenseits heraus.

Aber spannend ist der energetische Aspekt in der Ahnenreihe. In zahlreichen medialen Ahnenaufstellungen hat sich folgendes Bild ergeben: Wenn ein Mensch im Krieg verstorben ist und den Angehörigen eine entsprechende Trauerstätte (zum Beispiel ein Grab) fehlt, konnten die Angehörigen die Trauer nie wirklich verarbeiten, unbewusst fehlt ihnen der wirkliche Abschied. Das ist übrigens auch mit einer der Gründe, warum es für die nächsten Angehörigen so wichtig ist, einen Verstorbenen noch einmal zu sehen. Erst da beginnt der Prozess des wirklichen Begreifens.

Ähnliches gilt, wenn die Menschen den Verlust ihrer Heimat nie wirklich verkraftet und sich mit den neuen Lebensumständen zwar arrangiert, aber diese tiefe Trauer nie verarbeitet haben. Heimat bleibt Heimat, und wir können in der heutigen Zeit all das nicht wirklich nachvollziehen. Diese Emotionen bilden eine dunkle, zähe Wand in der Ahnenreihe, und die Auswirkungen zeigen sich meistens bis hin zu demjenigen, der aufstellen lässt. Das ist einer der Hintergründe, warum zahlreiche Menschen sich mit dem Thema *Loslassen* so schwer tun. Menschen, die man liebt, loszulassen ist immer eine Herausforderung, insbesondere, wenn man der Zurückgebliebene in einer beendeten Beziehung ist.

Wenn in der Ahnenreihe zusätzlich die angesprochene Thematik auftaucht, ist das quasi eine zusätzliche erbliche Belastung, die das Gefühl, nicht loslassen zu können, um einiges verstärkt und verschlimmert. Oft kann an dieser Stelle ein einfaches Ritual helfen. Wenn du nicht weißt, ob es diese Thematik in deiner Ahnenreihe gibt, du aber mit der Thematik des Loslassens extreme Probleme hast, ist diese Übung absolut hilfreich. Hinzu kommt, dass Menschen, deren Ahnenreihe ein solches Thema trägt, sich meistens schwer damit tun, sich wieder irgendwo zu Hause zu fühlen. Oft gleichen sie ein wenig einem Vogel, der aus dem Nest gefallen und immer auf der Suche nach seinem Platz ist.

Hier das Ritual

Du brauchst hierfür einen wasserfesten Stift und einen Kieselstein. Suche dir einfach beim nächsten Spaziergang einen schönen aus. Mache jetzt ganz bewusst einen Spaziergang an ein fließendes Gewässer und nimm Stift und Stein mit.

Setze dich einen Moment ans Wasser und spüre in dich hinein. Wie fühlst du dich? Was bewegt dich jetzt in diesem Moment? Nimm drei tiefe Atemzüge und lade jetzt alle deine Ahnen aus sieben Generationen ein, sich um dich zu versammeln. Bitte spüre noch einmal in dich hinein. Hat sich etwas verändert? Kannst du die Energie deiner Ahnen eventuell sogar spüren? Setz dich hier auf keinen Fall unter Druck. Der eine spürt, der andere nicht. Es kommt immer darauf an, welche Hellsinne bei dir ausgeprägt sind. Mach dir aber bitte bewusst: Alleine indem du deine Ahnen ins Energiefeld bittest, steigt das Energiefeld um dich herum an. Da sind wir wieder bei der "Binsenweisheit": „Energie folgt der Aufmerksamkeit." Sie wird dir in diesem Buch noch oft begegnen, weil es so wichtig ist, sich diesen Satz einzuprägen.

Jetzt bitte ich dich, den Stein mit dem Stift zu beschriften. Du kannst den Namen des Ahns darauf schreiben, wenn du ihn und sein Schicksal mit Namen kennst. Falls nicht und du nur auf Verdacht handelst, dann schreibe einfach „weibliche" oder" männliche Ahnenreihe" auf den Stein. Halte den beschrifteten Stein jetzt für einen Moment an deinen Herzbereich. Stell dir vor, wie aus deinem Herzchakra ein Regenbogen in diesen Stein fließt. Sag in Gedanken oder laut:

„Lieber Urahn, ich danke dir von Herzen, dass du diesen Weg für mich gegangen bist. Die Schwere, die du erlebt hast, darf aus der Ahnenreihe fließen, damit alle Nachkommen in Liebe und Glück weitergehen können. Ich gebe dir einen Platz in Mutter Natur. Der Fluss des Wassers trägt die Energie zur richtigen Stelle. Sei gesegnet – für das Gestern, für das Morgen und vor allem für das Heute. Dankeschön!"

Halte noch einen Moment inne, und dann wirf den Stein bewusst in das fließende Wasser. Mache dir bewusst, dass dadurch auch Schwere in der Ahnenreihe abfließt. Bedanke dich bitte auch bei Mutter Natur, dass sie deinen Stein trägt und die Energie transformiert.

Kleine Rituale zeigen oft große Wirkung, denn durch die Ritualarbeit beginnen wir, bewusst hinzuschauen und in Kommunikation mit den Ahnen zu treten.

Klick im Kopf

Schon lange habe ich für mich festgestellt, dass ich die Grundthemen eines Menschen in seiner Aura erkennen kann. Dabei spielen die Farben der Aura für mich keine Rolle, sondern die Form der Anordnung. Bedauerlicherweise nehme ich die Aura nicht immer farbig wahr, von daher habe ich mich auch nie nur auf die Farben konzentrieren können.

An einem langen Sitzungstag in München ist mir das zum ersten Mal aufgefallen. Ich hatte bereits fünf Sitzungen hinter mir, und alle hatten das gleiche Thema: Gefangen im falschen Beruf.

Ich machte eine Mittagspause, bevor ich die nächste Sitzung begann. Die frische Luft hatte mir gut getan, mein Kopf war frei, und ich ging entspannt in den Sitzungssaal.

Der nächste Klient betrat den Raum, und ich erinnere mich noch genau, wie er auf mich zukam. Ich sah in seiner Aura eine ganz bestimmte Welle, und mir fiel es wie Schuppen von den Augen. Diesen Bogen hatte ich heute bereits mehrfach wahrgenommen. Konnte das sein? Ich war seltsam hin- und hergerissen. Normalerweise nehme ich mir einen Moment Zeit, konzentriere mich auf die Informationen, die ich aus der Geistigen Welt für meine Klienten bekomme. Doch hier platzte ich heraus:

„Du bist vollkommen unglücklich in deinem Beruf und deshalb hier."

Ich hatte meinen Klienten ein wenig erschreckt. Stell dir bitte einmal vor, du gehst zu einem Medium. Das Medium schüttelt dir die Hand, und noch bevor du richtig begrüßt wirst, fliegt dir so eine Information um die Ohren. Ich gebe zu, keine Glanzleistung von mir, aber diese Erkenntnis speicherte ich in mir ab. Der Rest der Sitzung verlief übrigens völlig normal, und, ja, ich hatte recht mit meiner Aussage.

Der restliche Tag verging wie im Flug, und in jeder Pause ratterte es in meinem Kopf. Konnte das wirklich sein? Waren die Grundthemen in der Aura angeordnet?

Als ich am Abend in meinem Hotelzimmer im Bett lag, konnte ich nicht einschlafen. Das Thema beschäftigte mich zu sehr. Also versuchte ich für mich, diesen Bogen, den ich in der Aura wahrgenommen hatte, aufzuzeichnen und beschloss, mich in Zukunft damit stärker zu befassen. Was soll ich sagen? Es kamen immer mehr Fixpunkte in der Aura hinzu, an denen ich mich bis heute orientieren kann.

Ich mache nicht so oft mediale Ahnenaufstellungen. Zum einen kosten sie mich sehr viel Kraft, und zum anderen habe ich wenig Zeit, da ich viel unterwegs bin. Als ich nach diesen gewonnenen Erkenntnissen aus der Aura die Aufstellungsreihe vor mir hatte, war ich schon sehr erstaunt. Ich konnte bereits die Grundthemen der Ahnenreihe in der Aura aller Ahnen-Stellvertreter sehen. Das war ein super neuer Aspekt und machte mir vieles leichter. Ich wusste beispielsweise auf den ersten Blick, wo Partnerschaftsprobleme, Geldthemen oder so schwierige Themen wie Missbrauch stattgefunden hatten, und konnte so noch schneller, noch effektiver auflösen.

Und mir wurde eines klar: Bei demjenigen, für den wir aufstellen, muss diese Kennzeichnung der Aura aus dem Feld gehen, damit etwas in Heilung gehen kann. Bildete ich mir das alles ein? Konnte nur ich das wahrnehmen, oder sahen andere das auch so?

Ich begann zu recherchieren, doch alle Aura-Sichtigen, die ich kannte, sahen in Farbe und nahmen meine Beobachtungen so nicht wahr, oder hatten einfach noch nicht darauf geachtet.

In dem Buch „Geist über Materie" von Dawson Church beschreibt der Autor die These, dass jedes Energiefeld (Aura) einmalig ist, wie ein Fingerabdruck.

Da kann ich mitgehen, und trotzdem sehe ich Überschneidungen beziehungsweise die gleichen Formen bei bestimmten Themen. Natürlich habe ich auch meinen Kollegen Martin Zoller gefragt. Martin berichtet über ähnliche Erfahrungen, nur an anderen Stellen, aber auch er nimmt farbig wahr.

Inzwischen habe ich so viel Erfahrung sammeln dürfen, dass ich keine Zweifel mehr habe.

Was heißt das aber für die Ahnenarbeit?

Ganz einfach: Haben unsere Ahnen diesen energetischen Abdruck in unser Energiefeld mit eingebracht, ist uns quasi ein Grundmuster in die Wiege gelegt worden. Werden wir dann noch in den ersten sieben Lebensjahren durch unsere Eltern und Erziehenden mit einem ähnlichen Thema geprägt, ist es oft mühsam, aus diesem Kreislauf auszusteigen, da nicht nur die Anlage in der Aura vorhanden ist, sondern damit auch in unserer körpereigenen Zellerinnerung.

Hier kommen uns aber die neusten wissenschaftlichen Erkenntnisse aus der Forschung wieder hilfreich entgegen.

Das Institut für Statik und Dynamik der Luft- und Raumfahrkonstruktionen (ISD) hat unter der Leitung von Prof. Dr. Kröplin folgenden Versuch gestartet:

Es wurde der Effekt von verschiedenen Personen auf Wasser mit zahlreichen Studenten durchgeführt. Jeder Student zog eine Spritze mit Wasser auf und drückte dann ein paar Trop-fen davon auf den Objektträger eines Mikroskops. Kröplin foto-grafierte die Tropfen, und was stellte sich heraus? Im Vergleich hatte jeder Student verschiedene Tröpfchen. Doch egal, wie oft man es testete, die Tropfform einer einzelnen Person war bei jedem Versuch nahezu deckungsgleich und ließ sich problemlos zuordnen.

Was heißt das? Das Energiefeld einer einzelnen Person wirkt sich dauerhaft auf die Materie aus und hinterlässt seinen einzigartigen energetischen Fingerabdruck, der unverkennbar ist. Genau dieses Wissen kann man sich bei der Arbeit im Ener-giefeld zunutze machen. Insbesondere dann, wenn die Frage aufkommt, was die Ahnen in unserem eigenen Energiefeld ab-gelegt haben, denn die haben quasi ihren Ahnenabdruck mit allen Anlagen in unser Energiefeld mit einfließen lassen. Daraus ergeben sich zwei überaus wichtige Schlussfolgerungen:

- **Unser Energiefeld sollte, um effektiv genutzt zu werden, regelmäßig gereinigt werden.**
- **Die positiven Anlagen unserer Ahnen in der Aura sollten stehen bleiben. Nur diejenigen, die mit Schwere belegt sind und uns Steine in den Weg legen, dürfen aus unserem Feld gehen.**

Du glaubst das alles nicht? Hier kommt ein kleiner Test, um dir zu beweisen, wie Energiefelder reagieren.

Wie reagieren Energiefelder auf Schwingungen –
Der Test für zu Hause

Leider muss ich ganz ehrlich zugeben, dass dieser Test nicht von mir ist, ich ihn aber ausprobiert habe, weil ich es wissen wollte.

Was du dafür brauchst:

Zwei saubere kleine Schraubverschlussgläser mit Deckel, einen wasserfesten Stift und zwei Esslöffel gekochten Reis.

Gib jetzt in jedes Glas einen Löffel gekochten Reis und verschließe die Gläser gut. Nimm jetzt das erste Glas und schreibe LIEBE mit dem wasserfesten Stift darauf, und auf das zweite HASS. Nimm dir jetzt mindestens 14 Tage lang Zeit, mal eben kurz auf den Reis in den Gläsern zu schauen. Du wirst erstaunt sein!

Du kannst diesen Test auf Youtube unter „Rice Consciousness Experiment" finden. Aber selbst nachmachen macht wirklich Freude. Gerade den Kindern.

In meinen Augen ist dieser Test so wichtig, um sich bewusst zu machen, wie empfindlich Energiefelder reagieren und wie sehr sie beeinflussbar sind.

Wie kann ich mein Energiefeld reinigen?

Hierzu gibt es natürlich viele Methoden. Grundsätzlich gilt, regelmäßig raus an die frische Luft. Schon ein kleiner Spaziergang am Tag reguliert die Aura und entspannt dich. Auch regelmäßige Salz-Vollbäder oder Salz-Fußbäder wirken als kleiner Filter in der Aura.

Versuche, negative Menschen zu meiden, umgib dich mit fröhlichen Menschen. Positive Energie von deinen Mitmenschen und dir schwingt dein Feld und das Feld deiner Mitmenschen positiv auf. Versuche, deine Mitmenschen auf der Straße einfach einmal anzulächeln. Kleines Mittel, große Wirkung!

Auch habe ich mir Weinglas-Marker bestellt und beschrifte mit meiner kleinen Tochter Emma täglich unsere Trinkgläser und Tassen mit Worten wie: Liebe, Vertrauen, Frieden, Geborgenheit und Wohlstand. Je nach Lust und Laune. Meine Tochter hat daran große Freude, und wenn sie aus der Spülmaschine kommen, hinterlassen die Worte keine Schatten. Der Mensch besteht zu 80% aus Wasser, und die Experimente mit Wasser sind uns spätestens seit EMOTO und seiner Versuchsreihe ein Begriff.

Doch es gibt auch eine *effektive energetische Reinigung*, die ich meinen Schülern ans Herz lege:

Setz dich auf einen Stuhl und leg die Hände auf die Oberschenkel. Nimm jetzt bewusst sieben tiefe Atemzüge. Stell dir vor, wie aus deinem Herzbereich Liebe fließt. Du kannst es dir auch als farbigen Energiestrahl vorstellen. Nun fülle ganz bewusst dein eigenes Energiefeld damit auf. Schicke dir dabei liebevolle Gedanken, auch wenn es dir zu Anfang schwer fällt. Bitte jetzt deine Ahnen sieben Generationen zurück, deine Aura zu reinigen und ihre Schatten aus deinem Energiefeld zu nehmen. Wichtig ist, regelmäßig daran zu arbeiten. Eine Eintagsfliege ist hier wenig nützlich.

Natürlich lösen diese Übungen alleine nicht unsere Probleme, aber sie sind ein wichtiger Schritt in die richtige Richtung. Wir werden später bei den weiteren Übungen in diesem Buch noch einmal darauf eingehen.

Die Jauchegrube

Oft suchen wir Erklärungen für unsere Reaktionen, die wir selbst nicht verstehen. Warum lehnen wir manche Dinge scheinbar grundlos ab? Warum sind so oft Ängste ein Thema, die nicht erklärbar sind?

Diese Fragen tauchen in zahlreichen Einzelsitzungen auf. Natürlich kommt aus der Geistigen Welt meistens eine klare, sachliche Antwort, die die Betroffenen gut nachvollziehen können. Was ist aber, wenn der Hinweis in Richtung Ahnen geht? Wie findet man dann die sogenannte Nadel im Heuhaufen? Das ist eine berechtigte Frage, oft hilft nur das Vertrauen, dass man auf die richtigen Menschen gestoßen wird, die den richtigen Lösungsimpuls haben. Manchmal zeigen sich auch Dinge in einer Ahnenaufstellung, die man längst verdrängt hat, weil man dafür keine Erklärung gefunden hatte oder nicht mehr damit konfrontiert ist. Das wird auch in folgendem Fallbeispiel deutlich:

Ich kenne meine Freundin Ute seit 2012. Wir lernten uns bei der Schirner-Messe kennen, und Ute hat mich damals vom Fleck weg für einen medialen Abend in ihrem Lädchen engagiert. Über die Jahre hat sich eine enge Freundschaft entwickelt, doch Einzelheiten aus der Kindheit haben wir nie wirklich ausgetauscht. So war auch ihre Ahnenaufstellung für mich Neuland.

Ute wollte an diesem Tag die väterliche Linie aufräumen. Es war unglaublich! Wie ein roter Faden zog sich hier die Konkurrenz unter Geschwistern durch. Jeder hatte das Gefühl, die Geschwister würden bevorzugt. Außerdem lagen in dieser Linie auch viele Erbschaftsstreitigkeiten. Selten habe ich erlebt, dass sich ein einzelnes Thema so massiv durch eine einzige Ahnen-reihe gezogen hat.

Das Schöne an den medialen Ahnenaufstellungen ist ja, dass nicht nur die einzelnen Themen konkretisiert, sondern energetisch auch gleich gelöst werden können. Das ist unglaublich wichtig. Nicht nur die Themen aufzeigen, sondern sie gleich lösen – das bringt dem Aufstellenden den größten Fortschritt.

Spannend war es an der 4. Stelle. Die Bilder waren ganz klar und auch fast ein wenig gruselig. Ich konnte sehen, wie der 4. Ahn sich mit seinem Bruder stritt und ihn schließlich in die Jau-chegrube stieß. Das erklärte auch die tiefen Schuldgefühle, die der Stellvertreter des 4. Ahns in dieser Position empfand. Der Bruder ist dadurch verstorben, er tauchte nicht wieder auf, und der 4. Ahn trug diese schwere Schuld so heftig, dass sich bei dem Stellvertreter ein massives Rückenleiden zeigte.

„Das gibt es doch nicht", rief Ute an dieser Stelle laut aus. Fragend sahen wir sie an. Ute hatte dazu Folgendes zu erzählen:

„Meine Eltern haben einen Bauernhof. Schon als Kind hat-te ich Panik vor der Jauchegrube. Ich konnte sie nicht riechen, und schon gar nicht in ihre Nähe gehen. So ist es übrigens auch heute noch. Als Kind hätte ich immer mithelfen sollen, Ställe auszumisten und den Mist in die Grube zu fahren. Ich weiger-te mich jedes Mal standhaft. Weder durch gutes Zureden noch durch Schläge konnten meine Eltern mich bewegen, dort hin-zugehen."

Dieses Drama hatte sich durch Utes ganze Kindheit gezo-gen, und niemand konnte es sich erklären. Ute hatte niemals selbst eine schlechte Erfahrung in dieser Richtung gemacht. Auch Schuldgefühle, die nicht rational erklärbar waren, machten Ute über die Jahre hinweg enorm zu schaffen. Von ihrem Rückenleiden mal ganz abgesehen. Von dieser Stunde an war das Thema Jauchegrube kein wirkliches Problem mehr für Ute. ihr Rückenleiden besserte sich, und die Schuldgefühle wurden weniger. Ich gebe zu, nicht jede Aufstellung birgt so viel Drama.

Doch es ist immer ein Weg, um mit seinen eigenen Themen im Hier und Jetzt aufzuräumen. Und das macht die Ahnenarbeit so wertvoll. Es ist, als ob wir den Boden festigen, auf dem wir gehen. Der gefühlte „Treibsand", der uns das Gefühl gibt, nichts erklären oder nichts steuern zu können, wird mit der Ahnenarbeit weniger. Und wir bilden sicheren Boden für unsere Nachkommen.

Übrigens ist das auch für die Nichtbeteiligten spürbar. Oft rufen nach einer Ahnenarbeit Geschwister an, von denen man lange nichts gehört hat, oder die Eltern melden sich, obwohl sie gar nichts von der Aufstellung wissen können.

✩ ✩ ✩

Während ich schreibe

Ich kann nicht schlafen, unruhig wälze ich mich im Bett hin und her. Schließlich gebe ich auf, klettere aus dem Bett und beschließe, an diesem Buch weiterzuschreiben. Ich setze mich an meinen Laptop, will noch einen Abstecher über meinen Maileingang machen und – mich trifft fast der Schlag. Was lese ich da? Eilmeldung: Bus auf Madeira verunglückt – 29 Menschen verstorben! Mein Magen zieht sich zusammen, ich spüre die Angst in mir. Mein Freund Martin Zoller ist gerade mit einer Gruppe auf Madeira. Ich kann nicht atmen, und tiefe Unruhe erfüllt mich. Tief durchatmen, zwinge ich mich und gehe in mein Gefühl. Ich kann Martin deutlich spüren, er lebt. Was ist mit seiner Gruppe? Ich lasse mich tiefer fallen, überlasse meinem Geistführer das Ruder. Er trägt mich energetisch zu dem Bus. Ich kann die Energien wahrnehmen, was eigentlich für mein menschliches Gehirn in dem Moment gespenstisch sein müsste, doch es ist ein Gefühl der Geborgenheit. Wie seltsam! Ist das so, weil ich nur die Energien fühlen kann und nicht die realen Bilder in diesem Moment habe?

Ich nehme Frieden wahr, ich spüre die Seelen. Mir laufen Tränen, ich kann es nicht steuern, und bin seltsam ergriffen und doch getröstet. Ich nehme die Geistwesen um den Bus wahr und bekomme für einen kurzen Moment ein seltsam klares Bild. Mein Geistführer weist mich darauf hin, bittet mich, genau hinzuschauen. Ich sehe zahlreichen Ahnen in Verbänden zusammen, wie sie bereitstehen, die Ihren in Empfang zu nehmen. Es ist nur ein winziger Moment. Schon ist der Schleier wieder da, ich nehme nur noch die Energien wahr.

Ich bedanke mich bei meinem Geistführer, auch wenn ich das Gefühl habe, vom Rahmen eines gesamten Puzzles nur ein Ministück gesehen beziehungsweise gespürt zu haben. Zögernd – ich brauche einen Moment, um wieder bei mir zu sein – erde ich mich, indem ich die Naturwesen des Grundstücks, des Hauses und des Raums bitte, mir von den Knien abwärts ihre Erdungsenergie zu schicken.

Dann hab ich es auf einmal sehr eilig und springe auf. Wo ist mein Handy? Als ich es in den Händen halte, schicke ich Martin eine WhatsApp. Es ist 1.40 Uhr. Kurze Zeit später habe ich eine Sprachnachricht. Seine Gruppe ist in Ordnung, aber sie haben den Unfall gesehen. Die Leute kamen aus ihrem Hotel. Der Unfall ist direkt vor ihrem Hotel passiert. Was für eine schlimme Geschichte!

Ich zünde eine Kerze an für all die Menschen, die ihre lieben Angehörigen verloren haben, und für die Verletzten, die diesen ganzen Schrecken erleben mussten. Meine Gedanken sind bei den Opfern, und ich bin tieftraurig. An Schlaf ist nicht mehr zu denken. Immer wieder grüble ich über die kurze Sequenz von eben nach.

Bisher habe ich in zahlreichen Jenseitskontakten und in nicht minder zahlreichen Einzelsitzungen immer die Bilder erhalten, dass die Seele von den engsten, bereits verstorbenen Angehörigen und den Engeln abgeholt wird. Wieder wird mir klar: Alles ist viel größer, viel enger miteinander verwoben, als es mein menschlicher Geist erfassen kann. Unser menschlicher Verstand ist darauf trainiert, in Kategorien zu denken, Dinge einzusortieren. Dass der gesamte Kosmos ein viel komplexeres Netz bildet, ist für den Verstand oft nicht greifbar. Und das ist genau der wichtigste Punkt bei dieser ganzen Ahnenarbeit:

Skeptiker willkommen, ich selbst bin ja auch noch skeptisch und durchaus ständig dabei zu lernen, aber bereit zum Ausprobieren sollte man sein. Eine gewisse Offenheit trotz Skepsis bringt die besten Ergebnisse.

Natürlich ist es schwierig zu verstehen, dass wir in einem Kokon aus Ahnenverstrickungen verwoben sind und diese auch noch Einflüsse auf uns moderne Menschen und aktuelle Themen haben. Aber schau dir doch mal das Thema Krankheit an. Wie schnell behauptet man, das liegt in der Familie? Natürlich kannst du alles auf Kommissar Zufall schieben, aber was ist, wenn an meinen Worten doch etwas dran ist und du mit wenig Arbeit viel erreichen könntest? Lohnt sich doch, noch einmal genauer hinzusehen, oder?

Hermanns Versöhnung in letzter Sekunde

Hermann wollte seine Geschichte eigentlich selbst aufschreiben, doch da er aus Zeitgründen dann doch absagen musste, darf ich nun seine Geschichte hier erzählen. Der Name wurde allerdings von mir verändert. Diese Geschichte bewegt mich ebenfalls sehr, und die Tragweite habe ich während der Aufstellung in München nicht verstanden, die sollte scheibchenweise danach kommen.

Hermann war ein Mensch, der sich vom ersten Moment gut in die Gruppe eingefügt hatte. Er war sehr klar, sehr bewusst, dass es für ihn notwendig war, in seinen Ahnenreihen aufzuräumen. Munter stellte er sich ziemlich oft als Stellvertreter für die Gruppe zur Verfügung, seine eigene Ahnenaufstellung dagegen schob er ständig nach hinten. Irgendwann an diesem Wochenende blieb nur noch eine Aufstellung übrig: seine!

Er setzte sich auf den Platz des Aufstellenden und sagte fast tonlos: „Ich stelle die mütterliche Seite auf." Er benannte die sieben Stellvertreter für die jeweilige Generation in der Ahnenreihe ganz ruhig und sicher, als hätte er sich schon lange vorher Gedanken über die ganze Aufstellung gemacht. In dieser Ahnenaufstellung zeigten sich viele partnerschaftliche Themen, Verlassensängste, fehlende Bindung zwischen Eltern und Kindern, und eigentlich blieb mir nichts Besonderes im Gedächtnis. Bis wir an seine Mama kamen.

Sofort war mir klar, dass wir Hermanns Bruder dazustellen mussten, um vorwärtszukommen. An dieser Stelle sei noch einmal erwähnt, dass ich die Familiengeschichten der Menschen, die Hilfe bei mir suchen, nicht kenne. Ich bemerkte sofort Hermanns Zögern, als ich seinen Bruder mit aufstellte. Besorgt registrierte ich das und fragte kurz nach, ob das denn okay sei, und erhielt ein leises Ja.

Nun, das passte so gar nicht zu dem Hermann, der sich das ganze Wochenende als lustiger, sehr zupackender Mensch gegeben hatte. Sofort zeigte sich zwischen den beiden Brüdern eine riesige Kluft, und die Mutter konnte nicht wirklich auf beide zugehen. Im Raum hing eine gespannte Stille, der Schmerz in Hermann war förmlich für jeden im Raum spürbar.

Die Mutter war emotional wie versteinert, konnte auch auf ihre eigene Mutter (Hermanns 2. Ahnfrau) in der Aufstellung nicht zugehen. Wir mussten tief in die Kindheit von Hermanns Mutter eintauchen, und die Bilder, die sich zeigten, möchte ich an dieser Stelle nicht unbedingt wiederholen. Schließlich schafften wir es, dass die beiden Brüder sich die Hand gaben, wir die Schwere zwischen ihnen lösen konnten und die Mutter ihre Kinder endlich in den Arm nehmen konnte. Das hatte sie wohl ein Leben lang nicht geschafft.

Es flossen am Ende dieser Aufstellung viele Tränen, und Hermann hat sich nach der Aufstellung wieder seine Maske übergestülpt. Smart, nett – keiner durfte sehen, wie es in ihm arbeitete. Aber seine Aura verriet ihn, und so fragte ich ihn, ob ich noch etwas für ihn tun könne, und legte ihm ans Herz, sich bei mir zu melden, sollte noch irgendetwas hochkommen.

Im Anschluss an diesen Tag ließ ich auf der Autobahn die Aufstellungen noch einmal Revue passieren. Das mache ich immer. Ich reflektiere viel und bin in Gedanken immer bei den Teilnehmern, bei denen die Aufstellung sich als besonders heftig gezeigt hatte. Wie heute eben bei Hermann.

Nun ist es nicht so, dass man aus solch einem Wochenende geht und alles ist vergessen. Zwei Stunden später bin ich an der Raststätte raus, um einen Cappuccino zu trinken, und Hermann kam mir wieder in den Sinn, genau in dem Moment, als ich mich mit meinem Getränk setzte. Ich bedauerte, seine Telefonnummer nicht zu haben, hätte ich doch gerne die Bestätigung gehabt, dass es ihm gut geht. Genau in diesem Moment zeigte mein Handy einen Maileingang an. Hier die Mail:

Liebe Silke,

von Herzen mein Dank für diese beiden Tage. Du hast sowohl meine Augen als auch mein Herz geöffnet. Ich habe mich nach der heutigen Aufstellung überwunden und bin anschließend noch bei meinen Eltern vorbeigefahren. Zwar hat es sich nicht wirklich ergeben (und hatte ich auch nicht erwartet), mich mit meiner Mutter völlig auszusöhnen, doch zumindest hatte ich Gelegenheit, überhaupt zu reden. Seit unserem Bruch vor über 26 Jahren hab ich wohl nie mehr so ein gutes Gefühl gehabt, wenn wir uns begegnet sind. Und wir sind uns kaum begegnet, und nach Hause bin ich gar nicht mehr gekommen.

Danke Silke, ich konnte danach weinen und spüre, wie der Verarbeitungsprozess beginnt.

Liebe Grüße

Hermann

P.S.: Am vergangenen Montag ist bei meiner Mutter eine Vene geplatzt, wie ich heute feststellte, am rechten Bein. Genauso, wie es in der Ahnenaufstellung wahrgenommen wurde.

Diese Mail hatte mich tief berührt. Das war mir während der Ahnenaufstellung nicht bewusst gewesen. Der Bruch, den ich wahrgenommen hatte, war also schon 26 Jahre alt.

Vier Wochen später erhielt ich erneut eine Mail von Hermann. Seine Mama war gerade gestorben. Und Hermann war dankbar, dass er über sich selbst hinausgewachsen war und den Weg zu seiner Mutter zum Schluss noch einmal gefunden hatte.

Ahnenarbeit kann schmerzhaft sein

Zwangsläufig verbinden wir im Kopf Themen aus unserer Kindheit, zum Beispiel unangenehme Erlebnisse aus der Zeit mit den Eltern, sofort mit dem Ahnenthema. Das ist zum einen richtig, und zum anderen auch wichtig, trotzdem sollte man wissen, dass Ahnenarbeit so viel mehr ist und auch erheblich tiefer geht. Und das gilt auch für die Menschen, die ihre Kindheit als super in Erinnerung haben. An diesem Bild möchte ich nicht rütteln oder etwas schlecht reden, das nicht schlecht war, aber: Keine Erziehung ist perfekt, keiner macht alles richtig.

Erziehung unterliegt auch dem Wandel der Zeit. Es gab Generationen, die mussten ihre Eltern noch mit SIE ansprechen.

Meistens sind es die Misshandlungen an Körper, Geist und Seele, die gerade bei der Ahnenarbeit oft ein Thema sind, indem sie hochkommen und es uns so unglaublich schwer machen, überhaupt mit der Ahnenarbeit zu beginnen. Wer möchte sich schon gerne mit dem Schmerz aus der Kindheit auseinandersetzen, wo Verdrängen doch ein wunderbarer Schutzmechanismus ist.

Doch genau hier prallen ganz oft zwei Welten aufeinander: Die Stagnation in unserem Leben, das ewig gleiche Muster, das wir wie einen Automatismus perfekt in uns abgespeichert haben, einerseits – und der Wunsch, genau diese Haut abzustreifen, andererseits.

Ich habe im Laufe vieler Einzelsitzung eine Übung entwickelt, in der man negative Erlebnisse recht gut für sich aufräumen kann. Du findest die Wolkenübung in einem der nächsten Kapitel. Natürlich ist auch Vergebung an dieser Stelle ein großes

Thema. Aber mal Hand aufs Herz: Wer von uns kann wirklich leicht vergeben? Und sag doch mal einem Mann, der als Kind von seinem Vater aufs Übelste misshandelt worden ist: Du musst einfach vergeben. Oder einem Missbrauchsopfer durch die eigenen Ahnen, egal, ob Eltern, Onkel, Tante, Geschwister oder Großeltern.

Ich verstehe, dass Vergebung einen großen Reinigungs- und Heilungsprozess in Ganz setzen kann, aber Vergeben ist auch ein Prozess, der extrem schwer ist. Es sagt sich so leichtfertig „Vergib deinem Peiniger" oder die lapidare Erklärung: „Das war eure Seelenabsprache, es musste so kommen."

Ich empfinde die ganze Vergebungsarbeit zwar als sehr hilfreich, aber die Suche nach der Methode oft als schwer.

Für mich persönlich haben sich zwei Methoden als hilfreich erwiesen. Zum einen das hawaiianische Ho'oponopono, und die Tipping Methode. Zu beiden Methoden gibt es ausreichend Literatur und wahre Meister, die einen in beiden Methoden vorwärtsbringen. Nicht vergeben zu können ist toxisch für uns Menschen, denn wir halten uns damit selbst klein, geben uns keine Chance, ein Thema wirklich aufzulösen.

Im Übrigen gibt es zum Thema Loslassen auch gerade aus dem Buddhistischen viele Fragetechniken, die bewirken sollen, sich innerlich frei zu machen. Im nächsten Kapitel werde ich dir solch eine Fragetechnik vorstellen. Es gehört nicht nur Mut dazu, die Verdrängungen aus der Kindheit anzusehen und sich schmerzhaften Prozessen zu stellen, sondern auch Kraft und Wille.

Dasselbe gilt für die gesamte Ahnenarbeit. Natürlich, je weiter weg der Ahn in der Ahnenreihe von mir steht, desto weniger bin ich emotional beteiligt. Aber stimmt diese Aussage wirklich? Wenn du mir diese Frage stellst, kommt ein klares Nein. Gerade die Ahnenaufstellungen haben gezeigt, dass sich der Aufsteller oft in den einzelnen Themen wiederfindet, und es gerade in Dingen wie Partnerschaft, Finanzen und Beruf oft Wiederholungen gibt, die einem regelrecht die Augen öffnen.

Schauen wir es uns doch einmal an: Ich wurde von meiner Mutter geprägt, meine Mutter von meiner Oma, meine Oma von meiner Uroma und so weiter. Wenn du in deiner Kindheit viel in der Opferrolle warst, kannst du davon ausgehen, dass deine Eltern meistens die gleichen Erlebnisse mitgebracht haben. Nur haben wir als Kind kaum Einblick in die Kindheit unserer Eltern, wissen nicht, wie sie was erlebt haben. Vielleicht kennen wir ein paar Eckdaten, aber ist uns wirklich bewusst, was in einem Menschen vorgeht, während er beispielsweise aus der Heimat vertrieben wird und alles zurücklassen muss? Wir können uns das wahrscheinlich noch nicht einmal ansatzweise vorstellen. Noch dazu der Hunger, die Wetterkapriolen und die Reise als solche ins Ungewisse zwischen alle Fronten. Das haben unsere Großeltern/Urgroßeltern teilweise erleben müssen.

Auch die Währungsreform 1948, der Umtausch der Reichsmark in die Deutsche Mark, hat die Existenzangst unserer Vorfahren erheblich geschürt, und auch hier spricht man von einem Kollektivfeld der Existenzangst. Diese Reform war einschneidend für die Menschen damals.

Wenn jemand mit einer Geldproblematik in meine Sitzung kommt, schaue ich auch hier medial genau hin, verändere die Glaubenssätze entsprechend, löse diesen Teil aus dem energetischen Feld der Ahnen ab und wandle ihn in Sicherheit. Das funktioniert mit den meisten energetischen Methoden, die es auf dem Markt gibt. Wenn du hier schon mit einer Methode vertraut bist, wende diese ruhig an.

Oder aber du verwendest diese kleine einfache Methode:

Auflösen der Existenzangst rund um die Währungsreform 1948

Setze dich an einen ruhigen Ort und atme ein, halte für drei Sekunden die Luft an, und atme dann bewusst aus. Wiederhole dies bitte mindestens dreimal. Lade nun die Ahnen in deiner Ahnenreihe ein, die die Währungsreform 1948 erlebt haben. Achte jetzt ganz bewusst auf deine Umgebung. Nimmst du einen Windhauch wahr, wird dir etwa kalt, oder spürst du an einem Körperteil plötzlich ein Kribbeln? All das sind oft Merkmale, mit denen uns die Geistige Welt bewusst machen möchte, dass wir in diesem Moment nicht alleine sind. Bitte jetzt das Energiefeld dieser Ahnen und dein körpereigenes Energiefeld, sich zu öffnen. Dann umschließe deinen linken Mittelfinger mit der rechten Hand und sag dreimal leise zu dir selbst:

„Alle finanziellen Ängste, die sich in unseren Energiefeldern verknüpft haben, bitte aus der Kernmatrix und unseren Energiefeldern löschen."

Lass diese Energie jetzt einfach bewusst fließen und halte den linken Mittelfinger dabei weiter fest, bis du ein natürliches Stoppgefühl erhältst. Dann kannst du den Mittelfinger loslassen. Klopfe jetzt bitte mit dem Mittel- und Zeigefinger gleichzeitig zuerst auf den Punkt

- *zwischen beiden Augen,*
- *dann unter der Nase,*
- *dann auf dem Kinn,*

und sag dabei Folgendes:

> *„Ich löse mich bewusst aus der Existenzangst meiner Ahnen und nehme meine innere, finanzielle Freiheit jetzt bewusst an."*
> *Bitte klopfe so lange, wie du sprichst.*

Am besten wiederholst du die Übung innerhalb von 21 Tagen öfters, sodass sich entsprechende, lösungsorientierte neue Synapsen im Gehirn bilden und verknüpfen können.

Die Fragemethode zum Loslassen unserer inneren Gefühlsdämonen

1. *Momentaufnahme: Frage dich: Wo stehe ich momentan gefühlsmäßig?*
   Was kommt hoch, wenn du an die Situation denkst?
2. *Was überwiegt? Trauer, Wut, Rache, Schmerz, Ohnmacht? Erlaube dir jetzt, diese Emotionen zu spüren, zu fühlen, ohne dich zu begrenzen. Du kannst regelrecht eintauchen in diesen tiefen Schmerz, den Zorn tief in deinem Inneren. Versuche, deinen Gefühlen freien Lauf zu lassen.*
3. *Frage dich, ob du diesen Gefühlszustand, das Gefühlschaos in dir, einfach begrüßen und annehmen kannst. Sei hier bitte ehrlich zu dir.*
4. *Kannst du diese Gefühle in einen Koffer oder ein Paket packen, das du dir vor deinem inneren Auge vorstellst? Auch die Rachegefühle und den Gedanken, den anderen vor allen anderen bloßzustellen? Versuche, jetzt genau in diesem Moment diese Gefühle einzupacken, das Paket oder den Koffer zu schließen und in das Universum abzuschicken.*

5. *Wozu brauchst du Machtspiele?* Verabschiede dich von Machtspielen um deiner selbst willen. Nicht für irgendjemanden, sondern nur für dich. Du bist jetzt die wichtigste Person in deinem Leben. Mache dir das bitte klar. Wenn du dich auf solche Machtspiele einlässt, kannst du deine Stagnation kaum stoppen. Steige jetzt bewusst aus, fühle den Abschied der Machtspiele in dir, und wie leicht es dir wird, wenn du aussteigst und energetisch dafür nicht mehr zur Verfügung stehst. Du gewinnst an Lebensqualität.

6. *Bist du bereit, alle toxischen Gefühle aus dir herausfließen zu lassen?* Verabschiede den negativen Gefühlsknoten in dir, du brauchst ihn nicht mehr, kannst ihn jetzt aus deinen bereinigten Gefühlen heraussprengen. Du hast es dir verdient, deine inneren Dämonen loszulassen. Du bist frei ohne sie! Stell dir die Bilder vor, die dich noch in deinen dunkelsten, verdrängten Ecken belasten. Suche in jedem Winkel deines Gehirns danach. Und dann stell dir vor, wie du sie beerdigst. Packe sie bewusst in einen Sarg und inszeniere im Kopf ihre Beerdigung mit allem, was dazu gehört. Sobald du den Sarg in der Erde versenkt hast, kann der energetische Knoten in dir platzen, und deine inneren Gefühlsdämonen aus der Vergangenheit haben ein für alle Mal keine Chance mehr.

Du kannst diese Übung so oft du möchtest wiederholen. Sie bedeutet zwar echte Arbeit, man kann damit aber auch viel erreichen.

Das Energiefeld der Ahnen schnell und effektiv nutzen

Du hast einen wichtigen Termin und bist nervös? Oder du fühlst dich mal wieder müde und leer und weißt nicht, wie du aus dieser Stimmung herauskommst?

Nun, hier kommt eine wunderbare Kurzübung – eine unglaubliche Tankstelle für neue Energie:

Setz dich auf einen Stuhl, achte auf bequeme Haltung, verfolge für einen Moment deinen Atem und bitte dann dein Gehirn, sich auf 4,8 Hz zu setzen. Bitte jetzt deine männliche und weibliche Ahnenreihe, sich hinter dir wie ein „V" aufzustellen, die geschlossene Spitze direkt hinter deinem Rücken. Spüre einen Moment hinein! Du nimmst dadurch ersten Kontakt mit dem mächtigen Kraftfeld deiner Ahnen auf.

Bitte jetzt deine Ahnen, all ihre Liebe in dieses „V" fließen zu lassen. Anstatt Liebe kannst du auch Mut, Kraft, Spirit, Vertrauen, Gesundheit usw. einsetzen. Du kannst alles gerne ausprobieren, was dir gerade in dem Moment wichtig erscheint.

Dann flute in Gedanken das große „V" hinter dir mit weißem Licht und stell dir dabei vor, wie es den letzten Winkel ausfüllt und deine Ahnen einhüllt. Zähle danach langsam bis zur Zahl Sieben und bitte deine Vorfahren jetzt, die ganze Energie im „V" wie einen Schleier über dich zu werfen. Bleibe für einen Moment in dieser Energie sitzen und spüre nach.

Setze im Anschluss daran deine Hirnfrequenz auf 10,8 Hz und verankere dieses Gefühl, indem du ganz sacht mit zwei Fingern ein paarmal auf die Stelle unter deiner Nase klopfst und dabei laut sagst:

*„Ich verankere diese Kraft ganz bewusst in meinem körper-
eigenen Energiefeld."*

Diese Übung habe ich schon oft mit meinen Seminarteil-
nehmern und auch selbst gemacht. Je öfter man sie anwen-
det, desto intensiver spürt man diese mächtige Kraft, die einen
durchflutet. Sie ist echt ein wunderbarer Helfer, wenn du das
Gefühl hast, am Ende deiner Kraft zu sein. Aber nicht nur das:
Wenn du diese Übung mit dem Wort *Spirit* durchführst, fühlt es
sich für viele an, als ginge ein Ruck durch die eigene Türöffnung
in Richtung Spiritualität.

Einige Teilnehmer haben berichtet, dass dadurch oft der
Zugang zu ihrer eigenen Medialität deutlich zugenommen hat.
Ich liebe diese Übung, weil sie so herrlich einfach ist und überall praktiziert werden kann. Besonders in der freien Natur kann
man die Kraft dieser Übung besonders gut wahrnehmen.

Hier der besondere Tipp von Thorsten:

*„Ich bin viel im Außendienst unterwegs. Bevor ich aus dem
Auto aussteige und meinen ersten Kunden besuche, führe ich
die Ahnentankstelle, wie ich sie liebevoll nenne, mit dem Wort
Erfolg durch. Das klappt bei mir wunderbar. Ich habe meine
jährliche Zielvorgabe bereits im Juli geschafft und führe diese
Steigerung auf diese Übung zurück. Eine andere Erklärung habe
ich dafür nicht. Ich steige leicht und beschwingt aus dem Auto
aus. Für diese Übung brauche ich inzwischen genau drei Minuten, die ein festes Ritual während meiner Arbeit geworden sind,
und ich kann meinen Ahnen für ihre Hilfe nicht genug danken."*

Familiengeheimnisse

Manchmal wundere ich mich über mich selbst. Ich hatte drei Wochenenden hintereinander Ahnenaufstellungen gegeben und war zum Umfallen müde.

Ahnenarbeit ist für mich eine meiner liebsten Arbeiten, aber auch die anstrengendste. Wenn man am Tag nach der Ahnenaufstellung die Räume des Workshops betritt, spürt man, wie viel sich bei allen Teilnehmern gelöst hat, und der Raum schreit förmlich nach Ausräuchern und energetischem Reinigen, denn noch am Tag danach kann man regelrecht die Emotionen fühlen, die hochgekommen sind.

Inzwischen hatte auch meine Mama tatsächlich beide Ahnenreihen bei mir aufgestellt. Es bedeutete mir viel, konnte ich doch so ein Stück weit erleben, wie meine eigene Ahnenreihe sich löste und in die Leichtigkeit ging, und ich war dankbar, dass meine Mama bereit war, sich darauf einzulassen. Ein komisches Gefühl für mich, aber auch ein befreiendes. Ich gebe zu, zu Beginn war ich viel nervöser als sonst. Als meine Mama dann ihre weibliche Ahnenreihe stellte, fand ich das total spannend. Meine Oma habe ich geliebt, sie ist leider kurz nach der Geburt meiner großen Tochter gestorben, und meine Uroma Frieda habe ich nur noch kurz erleben dürfen.

Ich erinnere mich, wenn ich an Frieda denke, an eine kleine zarte Frau mit Dutt, immer schwarz gekleidet. Meine Erinnerungen sind verschwommen, war ich doch erst sechs Jahre alt, als sie starb. Was ich noch weiß ist, dass sie die wunderbarsten Geschichten erzählen konnte und ewig auf Kriegsfuß mit meinem Opa stand. Frieda selbst war früh Witwe geworden. Mit Anfang 20 ist mir mal ihr Hochzeitsfoto in die Hände gefallen, und ich war fasziniert, wie schön meine Uroma damals war.

Warum erzähle ich das alles? Jetzt, Wochen später, verstehe ich, was ich für mich an dieser Ahnenaufstellung schlichtweg übersehen hatte.

Ich wusste wirklich nicht viel von den Frauen meiner Ahnenreihe. Bis zu meiner Uroma Frieda verlief die Aufstellung eher ruhig. Alle Frauen in dieser Linie zeigten einen unglaublichen Freiheitsdrang und zeichneten sich durch einen Eigensinn aus, der Seinesgleichen sucht. Ich musste innerlich lachen, erinnerte mich das doch stark an mich.

Angekommen bei Frieda, veränderte sich die Energie sehr stark. Ich konnte ihre Umrisse als Verstorbene deutlich hinter dem Stellvertreter, der für sie stand, wahrnehmen, und ihre Präsenz war fast übermächtig. Auch meine Mutter, deren Ahnenreihe es eigentlich war, spürte den Unterschied sofort. Erstaunt nahm ich zur Kenntnis, dass die Frau, die für meine Oma stand, sich große Sorgen um meine Uroma machte. Was war da los? Nach und nach sollte ich das Bild klären, und nach der Aufstellung erzählte mir meine Mutter den Rest.

Hier die Zusammenfassung:

Frieda war wohl während des Dritten Reichs eine überzeugte Kommunistin und setzte sich überall lautstark dafür ein. Oma hatte immer Angst, dass die Gestapo sie irgendwann abholt, und es gab wohl riesige Spannungen im Hause. Meine kämpferische Uroma organisierte kommunistische Versammlungen im Verborgenen und hatte wohl alle Schutzengel dieser

Welt, dies in der damaligen Zeit unbeschadet zu überleben. Als das so während der Aufstellung nach und nach hochkam, fragte meine Mama auf einmal eindringlich: „Was war unter deinem Heftpflaster am linken Arm versteckt, was hast du vor meiner Mutter, vor meinen Geschwistern und mir stets versteckt?"

Leider konnte auch dieses Geheimnis in der Aufstellung nicht gelüftet werden. Von all dem hatte ich noch nie etwas gehört, und ich grübelte noch lange nach diesem Aufstellungstag darüber nach. Hatte meine Uroma etwa doch eine KZ-Nummer eintätowiert, und keiner wusste davon? Eine Antwort war einfach nicht zu bekommen, und das, obwohl ich mit allen medialen Tricks versuchte, dahinzukommen. Keine Chance! Es war wie eine Wand, gegen die ich lief. Ich, die ich mich so lange mit Ahnen befasste, kannte ihre eigene Ahnenreihe so gar nicht. Das war ziemlich frustrierend.

Überhaupt steckte meine weibliche Ahnenreihe voller Geheimnisse. Als ich Teenager war, hörte ich zum ersten Mal, dass meine Oma während des Kriegs einen Elsässer geliebt hatte, der schwerverletzt 1943 aus dem Krieg zurückkam und der der eigentliche Vater meiner ältesten Tante war. Meine Oma war da schon schwanger, und das auch noch unehelich. Sie wollte diesen schwer verletzten Mann, ihre große Liebe, heiraten, doch die Schergen von Hitler verboten es ihr, einen schwer verletzten Franzosen zu heiraten.

Meine Mutter, geboren 1953, wusste selbst nicht viel mehr, als sie mir erzählte, und meiner Oma war nichts zu entlocken.

In dieser Ahnenreihe habe ich begriffen, dass mein Opa nur die zweite Wahl war, das Herz meiner Oma gehörte wohl immer noch ihrem Elsässer. Mein Opa hat das im Umkehrschluss meine älteste Tante wohl immer spüren lassen. Diese wiederum trudelte ohne wirkliche Wurzeln durch das Leben und verlor dann irgendwie den Halt, und ihre Tochter wiederholte Jahre danach das Drama meiner Tante nahezu deckungsgleich.

Und gerade dieses Bild aus meiner eigenen Ahnenreihe, meine Tante und meine Cousine vor Augen, machte mir wieder deutlich, wie heilsam Ahnenarbeit ist. Jede Familie hat hier mindestens ein solches Paket, und meine eigene Ahnenreihe hatte wohl gar kein Päckchen ausgelassen. Auch hier blieben die Geschichten, die bei mir als Teenager ankamen, immer vage.

Meine Mama hatte wohl meine Oma oft nach all diesen Dingen gefragt, aber es kam nie wirklich eine Antwort. Meine Uroma sowie meine Oma haben ihre Geheimnisse wohl gut behütet mit ins Grab genommen .In der Ahnenaufstellung dieser Seite bekamen für mich wenigstens die Emotionen rundherum Konturen, und ich konnte verstehen, warum alle Enkelkinder – mich eingenommen – so ein riesiges Problem mit dem Thema Loslassen hatten. Es war für mich wie das Teil eines Puzzles, das mich selbst wieder intensiv mit meinen Wurzeln verband, obwohl es hauptsächlich die Ahnenreihe meiner Mama war. Auch ich fühlte mich hinterher leichter und freier, und doch beschäftigten mich meine Uroma und ihr Pflaster noch schwer.

Monate später:

Ich saß an diesem Buch und verzweifelte. Ich hatte ein Jahr mit vielen Seminaren quer durch Deutschland hinter mir und war müde und ausgelaugt. Ausgerechnet ich schrieb über Ahnen. Wie war ich nur auf diese Schnapsidee gekommen? Nur weil ich zahlreiche Ahnenaufstellungen gab und die Leute so begeistert reagierten, machte mich das noch lange nicht zum Profi. Die Selbstzweifel und das Selbstmitleid schwappten abwechselnd in Wellen über mich hinweg, und ich überlegte mir tatsächlich, mein Herzensprojekt hinzuwerfen. Über Wochen hatte ich nur sehr unruhig beziehungsweise wenig geschlafen und machte mir selbst riesigen Druck mit dem drohenden Abgabeschluss. Das Thema wollte auf das Papier, ich spürte es, aber mir fehlte die Hilfe aus der Geistigen Welt, die ich sonst immer so intensiv beim Schreiben wahrnehmen kann.

Was war da los? Stimmte mit mir etwas nicht? Musste ich vielleicht doch noch einmal in meiner Ahnenreihe aufräumen?

Eines Morgens, noch halbwegs am Aufwachen, nahm ich das erste Mal seit langem einen Traum mit ins Erwachen. Im Kopf wiederholte ich ihn und sprang dann wie elektrisiert aus dem Bett und rief, ohne auf die Uhr zu schauen, meine Eltern an. Meine besorgte Mama war auch sofort am Telefon. So früh ruft man ja nur an, wenn etwas passiert ist. Stattdessen fragte ich meine völlig verblüffte Mama:

„Wer ist Ludwig? Uroma war mit einem Ludwig bei mir am Bett?"

Meine Mama kennt mich ja jetzt schon etwas länger, und so antwortete sie ohne Vorwurf: „Na, der Mann von Frieda." Aha, mein Uropa. Über ihn hatten wir ja auch noch nie ein Wort verloren. Warum eigentlich? Wie konnte er so einfach unter den Tisch fallen.

„Mama, ich weiß, was unter dem Heftpflaster war."

Plötzlich war auch meine Mama hellwach. Auch wenn das Ergebnis vielleicht für die heutige Zeit banal war, für 1940 war es geradezu revolutionär: Es waren schlicht und ergreifend Hammer und Sichel eintätowiert. Wir hatten uns ja etwas wirklich Spektakuläres ausgemalt, aber nach dem Krieg mit Einmarsch der Russen und der damit verbundenen Ängste schwor meine kleine Uroma dem Kommunismus innerlich wohl auf ewig ab und verbarg das Tattoo bis zu ihrem Lebensende.

Aber noch spannender in diesem Traum war Ludwig.

„Mama, du musst bei der nächsten Ahnenaufstellung noch einmal mitmachen. Wir müssen die Ahnenreihe von Ludwig stellen. Was weißt du über ihn?"

Meine Mutter war sofort Feuer und Flamme, wusste sie doch so gar nichts über ihren Opa beziehungsweise meinen Uropa, außer, dass er früh gestorben war. Aber warum drängte ich so darauf? Als Ludwig sich in meinem Traum zeigte, machte er eindringlich klar, dass die Hauptproblematik, unter der sowohl meine Oma, meine Mama, meine große Tochter und ich litten, mit dem Umstand seines Todes zusammenhing.

Leider findet die nächste Ahnenaufstellung erst nach dem Abgabeschluss für dieses Buches statt, aber ich werde gerne berichten, ob hier wirklich der Schlüssel unserer Hauptproblematik liegt. Womit wir wieder beim Kernsatz dieses Buches wären: Ahnenarbeit endet nie!

Und das ist mein Appell an euch alle, die ihr dieses Buch lest: Macht euch auf die Reise! Ahnenarbeit ist so oft eine Wundertüte, die im Alltag so hilfreich ist.

Außerdem, und das mag jetzt wieder nach esoterischem Vollknall klingen, standen meine Urgroßeltern an meinem Bett und bestärkten mich in diesem Ahnenprojekt. Man glaubt es kaum, seit diesem, für mich magischen Moment, bin ich wieder im Schreibfluss. Ich spüre die liebevolle Präsenz der beiden, sobald ich am Laptop sitze, und die tiefe Verbundenheit. Auch wenn sie mit der Frage verbunden ist, was für Facetten Ludwig hier mit einbringt.

Ich bin jetzt schon gespannt auf seine Ahnenreihe und vor allem seine Geschichte. Auch meine Mama weiß nicht wirklich etwas von ihm und seiner Ahnengeschichte. Es ist wie ein Puzzle, das sich Stück für Stück offenbart. Und ich freue mich wie ein kleines Kind auf dieses Eintauchen in ein Stück von mir, das mich mitgeprägt hat.

Bis heute bedauere ich übrigens sehr, dass sich mein Papa diese Arbeit noch nicht mal annähernd anschauen möchte. Papa, solltest du das Buch jemals lesen, denk doch noch einmal drüber nach! Uns beiden würde das mit Sicherheit guttun.

Die Hundeallergie

In meinem Mailpostfach fand ich vor einiger Zeit folgenden Text:

Liebe Silke,

meine Tochter Markey (7) wünscht sich sehnsüchtig einen Hund. Wir würden ihr gerne den Wunsch erfüllen, doch sie hat eine Hundeallergie. Die aufgesuchten Ärzte halten den Hund für keine gute Idee, doch es ist definitiv ihr Herzenswunsch. Meine Friseurin Helene sagte, dass alles auch eine seelische Ursache hat, und wenn uns jemand weiterhelfen könne, dann Sie. Dürfen wir zu einem Termin kommen?

Mit freundlichen Grüßen
C. Müller

Das war vor unserer Sitzung alles, was ich wusste. Als die drei die Tür hereinkamen, musste ich lächeln. Markey war ein wunderschönes, dunkelhäutiges Kind mit einer unbeschreiblichen Lockenpracht und einem unwiderstehlichen Lächeln. Aufrecht und selbstbewusst stand sie in meinem Praxisraum und hatte für ihre sieben Jahre eine erstaunliche Präsenz.

„Du kannst mir helfen, die blöde Allergie loszuwerden, ja?", fragte sie mich hoffungsvoll. Auweia, dachte ich innerlich, was für ein Erwartungsdruck. Laut sagte ich: „Ich weiß es nicht, ich kann dir nichts versprechen."

Markey blickte mir einen Moment in die Augen, und ich weiß noch, dass ich dachte: Da ist jemand aber das Befehlen gewöhnt.

Ich spürte mich in Markey ein und bat die Geistige Welt um Hilfe. Augenblicklich zeigte sich hinter Markey eine große, in Tüchern gekleidete, afrikanische Frau. Sie sah mich mit dem gleichen Blick an, mit dem mich kurz vorher Markey bedacht hatte. Ich fragte sie telepathisch, wer sie denn sei.

„Ich bin vom Stamm der Sandawe. Es steht euch Menschenkindern nicht zu, eine Tochter unseres Stammes aus dem Land ihrer Ahnen zu entfernen und zu verweichlichen. Einen Hund! Wir leben mit Löwen, wir hören das Geheul der Hyänen und achten die Tiere der Freiheit. Ihr fesselt nicht nur Töchter unseres Stammes in eurer Kultur, ihr erzieht sie ohne Tradition. Niemals werden wir zusehen, wie ihr ein Kind unseres Stammes noch weiter verweichlicht."

Ich bin selten sprachlos, aber jetzt war ich es für einen Moment. Diese Frau aus der Geistigen Welt stand mir gegenüber, zeigte keine Gefühle und schleuderte mir so einen Text entgegen. Da war er wieder, der Moment, in dem ich nicht wusste, träumte ich das alles, oder konnte das wirklich sein?

Ich liebte meine Arbeit als Medium, aber das hier, war das wirklich möglich? Mein Denken setzte ein, was für mich bedeutete, ich war nicht mehr als Kanal offen. Wenn ich als Kanal offen bin, hinterfrage ich die Botschaften nicht, sondern gebe sie einfach weiter.

Ich atmete tief durch, erdete mich, verband mich neu mit der Geistigen Welt und bat meinen Geistführer Toularion, sich dicht an meine Seite zu stellen und mir die nötige Hilfestellung zu geben. Sofort tauchte wieder diese afrikanische, würdevolle Frau mit der erstaunlichen Präsenz auf. Der Raum wurde kühler, meine Haut begann zu kribbeln, und sie wiederholte einfach ihre Botschaft. Dieses Mal reagierte ich gefasster. Telepathisch bedankte ich mich für ihr Kommen und fragte sie, ob sie wirklich den Herzenswunsch eines Kindes ihres Stammes blockieren wollte. Eine liebevolle Ahnfrau müsse doch die Weichen stellen, damit die Tochter ihres Stammes eine klare, liebevolle Anbindung zu ihrer Heimat habe. Sie blickte mich kommentarlos an. Da ich zu diesem Zeitpunkt nichts von Markeys persönlicher Geschichte wusste, musste ich wieder die Geistige Welt bitten, die richtigen Worte zu finden.

„Ich appelliere noch einmal an Sie als Ahnfrau, Ihren Platz in Liebe in dieser Ahnenreihe anzunehmen. Markey ist noch so jung, ich glaube nicht, dass sie bewusst ihre Heimat verlassen hat. Irgendwann wird sie Ihren Ruf hören und das Land ihrer Ahnen besuchen. Sie wird immer im Herzen eine Tochter der Sandawe sein, egal, wie und wo sie lebt."

Die Ahnfrau verschwand, ohne mich noch eines Blickes zu würdigen. Ich öffnete meine Augen, sah Markeys wissenden Blick auf mir ruhen und fühlte mich unter diesem Blick wie unter Glas – durchsichtig. Bis heute bin ich der Meinung, dass Markey viel mehr weiß und sieht, als sie ihrer Umwelt mitteilt.

Ich hatte einen Kloß im Hals. Nun kannte ich die Ursache der Allergie, wusste aber nicht, ob ich bei der Ahnfrau etwas erreicht hatte.

Als ich diese Geschichte erlebte, hatte ich noch nicht die Methode der Ahnenaufstellung benutzt. Heute würde ich so eine Thematik völlig anders angehen als damals.

Ich sagte Markey ehrlich, dass ich nicht wüsste, ob ich etwas erreicht hätte, und bat sie, einen Moment draußen zu spielen. Das Gehörte wollte ich nicht unbedingt vor einer Siebenjährigen wiederholen, auch wenn ich das Gefühl hatte, dass Markey sowieso alles gehört hatte.

Als das Mädchen draußen war, erzählte ich den Eltern das eben Gehörte. Betroffen sahen wir uns an. Ich sagte auch ehrlich, dass ich die Ursache zwar benennen könne, aber mir nicht sicher sei, ob ich etwas erreicht hätte. Die Eltern schwiegen einen Moment. Dann begann der Vater mir kurz Markeys Geschichte zu erzählen:

Das Paar hatte in Tansania für eine Hilfsorganisation gearbeitet und sich um HIV-Kranke gekümmert, die ausgestoßen von der Gesellschaft lebten. Eines Morgens stand vor der Hütte des Paares ein Korb, in dem Markey lag. Niemand konnte sagen, woher das Kind kam. Es lag lediglich ein Zettel mit Name und Geburtsdatum dabei. Markey war nach diesem Zettel gerade mal zwei Wochen alt und schrie jämmerlich. Das Paar kümmerte sich sofort um den Säugling, und beiden war schnell klar, sie würden dieses Kind nicht mehr hergeben.

Die Adoption dauerte lange, doch irgendwann war die Bürokratie überwunden. Übrigens trug Markey den HI-Virus nicht in sich, was ihre Herkunft noch rätselhafter machte. Das Paar bestätigte mir auch, dass Sandawe ein Stamm in der Bevölkerung Tansanias war. Ich hatte den Ausdruck nie zuvor gehört, und so hatte ich still für mich wieder den Beweis, dass ich alles nicht geträumt hatte.

Es tat mir leid, nicht besser helfen zu können. Ich hatte wirklich keine Idee, und so verabschiedeten wir uns traurig voneinander. Umso erstaunter war ich, als ich Monate später Besuch von Markey, ihrer Mama und einem kleinen weißen Hund namens Max bekam. Tatsächlich war die Hundeallergie quasi über Nacht verschwunden.

Auch das ist eine von den Geschichten, die der menschliche Verstand nicht erfassen kann. Vielleicht muss man so etwas selbst erlebt haben, um zu verstehen. Ob die Tatsache, dass die Allergie verschwunden war, wirklich in Verbindung mit meinem Gespräch mit der Ahnfrau stand – ich weiß es nicht wirklich. Aber es hat mir ganz viel gezeigt und mich sensibler für die Arbeit mit den Ahnen gemacht.

Die Angst frisst mich auf

Ich möchte in meinen Einzelsitzungen bewusst keine Vorabinformationen von meinen Klienten haben und verlasse mich voll und ganz auf die Geistige Welt.

Als Melanie zu mir kam, war es nicht anders. Melanie war für diese Sitzung über 800 Kilometer angereist, und so war mir schon im Vorfeld bewusst, dass sie wirklich etwas auf dem Herzen haben musste. Ich spürte mich ein, und noch ehe ich ein Wort gesprochen oder gesagt hatte, begann Melanie heftig zu weinen.

„Ich bin nur wegen einer Sache da", stieß sie hervor, „ich kann nicht... ", weiter konnte sie gar nicht sprechen. Sie weinte noch bitterlicher als zuvor. Schon jetzt nahm ich ihre verstorbene Großmutter mütterlicherseits wahr. Sie stand als Jenseitskontakt seitlich von Melanie und legte ihre Hand auf Melanies Schulter. Doch bevor ich aussprach, was ich sah, reinigte ich das Energiefeld meiner Klientin und half ihr energetisch, sich zu beruhigen.

„Deine Großmutter mütterlicherseits ist da. Sie trägt einen schmalen Goldring mit einem grünen Stein, zeigt mir die passende Kette dazu und zeigt auf dich. Sie hat die Hand auf deiner Schulter und richtet dir aus, dass du dir den richtigen Mann ausgesucht hast."

Melanie sah mich kurz an. „Das ist meine Omi." Ein kleines Lächeln huschte über ihr Gesicht, doch dann verdunkelte sich ihre Miene wieder. „Ich liebe Christoph, sie hat ja Recht, er ist toll, aber ich kann ihn nicht heiraten." Und schon wieder kullerten die Tränen aus den großen hellblauen Augen.

Während sie sprach, konnte ich sehen, wie sich die Angst in ihrer Aura herauslöste und sich für einen Moment deutlich zeigte. Das ging so schnell, dass ich schon an mir als Medium zweifelte. Doch sofort signalisierte mir der Geistführer von Melanie, dass er mir auf diese Art zeigen wollte, wie sehr die Angst Melanie beherrschte. Und er nahm mich für einen Moment mit und zeigte, dass Melanie seit dem Heiratsantrag von Christoph diese Panik in sich trug.

Ich sprach aus, was ich sah, und Melanie nickte.

„Das stimmt. Seit ich JA gesagt habe, würde ich am liebsten alles rückgängig machen. Ich habe das Gefühl, er wird sterben, wenn wir heiraten. Ich bin sein Unglück."

Als es ausgesprochen war, schluchzte sie leise vor sich hin. Sie erzählte, dass sie seit diesem Zeitpunkt Todesängste um ihn hatte, was vorher niemals der Fall gewesen war. Sie hatte überall schon Hilfe gesucht, war bei Ärzten, bei Psychologen, bei Heilern, aber niemand konnte ihr bisher helfen. Christoph bemühe sich sehr um sie, sie liebe ihn auch, aber sie wolle die Verlobung lösen.

„Ich möchte nicht an seinem Tod schuld sein, Ich weiß einfach, dass er gleich nach der Hochzeit stirbt. Alle denken, ich spinne, meine Eltern auch. Keiner versteht das. Auch Christoph hat langsam keine Geduld mehr. Ich möchte ihn ja auch nicht verlieren. Aber diese Angst frisst mich auf."

Was jetzt kam, brachte auch mich dazu, mir bewusst zu werden, wie sehr unsere Energiefelder ineinandergreifen. Blitzschnell liefen vor meinem inneren Auge Bilder ab.

Laut fragte ich Melanie: „Melanie, trägst du deinen Verlobungsring Tag und Nacht?" Sie nickte und schaute mich verwundert an. „Nimm ihn ab", bat ich sie ruhig. Melanie kam meiner

Aufforderung nur zögernd nach. Aber sie zog ihn aus und nahm ihn in die Hand.

„Melanie, sei bitte so lieb und leg den Ring auf den Tisch." Ich war selbst gespannt, ob ich die Bilder der Geistigen Welt richtig interpretierte. Wieder nur zögernd legte meine Klientin den Ring auf den kleinen Tisch neben sich.

„Melanie, denk jetzt bitte an die Hochzeit mit Christoph und sag mir, was macht deine Angst?" Melanie stieß einen spitzen Schrei aus. „Ich bin viel ruhiger, ich spüre zwar noch Angst, aber die Panik ist weg. Wie kann das sein? Liegt das etwa am Ring? Das kann nicht sein, den hat Christoph neu gekauft. Ich werfe den Ring weg." Sie strahlte förmlich, es war, als ob eine Zentnerlast von ihr abgefallen war. Ich schüttelte den Kopf: „Melanie, der Ring kann nichts dafür. Das wäre mit jedem Ring passiert." Dann erklärte ich Melanie, was mir die Geistige Welt an Bildern übermittelt hatte.

Für alle, die sich vielleicht noch nicht damit befasst haben: Vor meinem inneren Auge laufen die Bilder oft wie ein kleiner Film ab. Ich konnte einen Mann in Uniform wahrnehmen und eine Frau, von der die Geistige Welt mir sagte, das sei Christophs Großmutter väterlicherseits. Sie hielten sich an den Händen, er steckte ihr einen Ring an. In dem Moment gab es wohl Fliegeralarm. Beide rannten los. Ich konnte sehen, wie eine Fliegerbombe detonierte, sah, wie ein Haus zusammenstürzte, den Brand. Dann machten die Bilder einen Sprung. Ich konnte sehen, wie die Großmutter blutüberströmt aufstand und zu rufen begann, dann zu schreien, denn der Mann lag ein Stück weit weg von ihr und war tot. Sie hielt ihn weinend in ihren Armen.

Ich fragte Melanie, ob sie etwas über die Geschichte wisse. Sie verneinte. „Bist du bereit, mit mir noch einmal als die Großmutter mit allen Emotionen durch diese Geschichte zu gehen, damit wir damit aufräumen können?"

Auch hier waren die Impulse der Geistigen Welt völlig klar, auch wenn das hier selbst für mich absolutes Neuland war.

Ich vertraue der Geistigen Welt völlig, und so fühlte auch ich mich sicher, mit meiner Klientin diese nächsten Schritte zu gehen.

Melanie zögerte keinen Moment und fragte lediglich, was sie tun sollte. Ich bat sie, ihre Hirnfrequenz durch Ansprache an das Hirn auf 7,5 Hertz zu setzen. Dann bat ich sie, sich als Christophs Großmutter einzuklopfen (angelehnt an das Familienstellen nach Hellinger), und führte sie bewusst in diese Situation mit allen Emotionen. Stück für Stück gingen wir die Verlobung, den Alarm und den Einschlag der Bombe durch. Wir weinten beide gemeinsam, als wir an der Stelle waren, als die Großmutter ihren toten Verlobten im Arm hielt. Melanie selbst schrie den Schmerz regelrecht heraus und brach auf meinem Stuhl beinahe zusammen. Ich fragte sie immer wieder, was in ihr hochkäme, und ständig erwähnte sie Schuldgefühle: Sie habe überlebt, er nicht, und sie würde so gerne ihr Leben für ihn geben. Ihr Leben sei so sinnlos.

Die Sätze gaben mir zu denken, und ich löste energetisch die Emotionen der Großmutter von Christoph und bat die Engel der Transformation, diese Schuldgefühle aus der Ahnenreihe zu nehmen. Auch den Glaubenssatz: „Ich bringe den Männern kein Glück."

Ich ließ Melanie sich wieder gründlich ausklopfen und bat sie, ihre Hirnfrequenz auf 11,5 Hertz zu setzen. Für einen kurzen Moment schwiegen wir beide, dann platzte Melanie heraus:

„Das ist ja unglaublich, diese Geschichte." Sie sprach genau das aus, was ich dachte. Und ich war fassungslos. Sollte Christophs Ahnengeschichte wirklich Auswirkungen auf Christophs Verlobte haben? Sie gehörte doch gar nicht in diese Ahnenreihe, sondern Christoph. So etwas war mir noch nie untergekommen. Ich fragte Melanie, was denn der Gedanke an die Hochzeit jetzt mit ihr mache.

„Ich weiß nicht genau, es ist komisch – aber da ist auf einmal Freude. Sag mal, Silke, Christoph hat mich hergefahren und läuft draußen spazieren. Können wir ihn anrufen und dazuholen? Er wollte nicht mitkommen, da er von medialer Arbeit nichts hält."

Dazu war ich natürlich nur zu gerne bereit. Christoph war auch ganz schnell da. Als ich die Tür öffnete, merkte ich sofort sein Misstrauen mir gegenüber, obwohl er versuchte, sich höflicherweise nichts anmerken zu lassen. Melanie stürzte in seine Arme, Tränen liefen ihr übers Gesicht, und sie sagte nur: „Ich muss dir ganz viel erzählen."

Gemeinsam erzählten wir Christoph die ganze Geschichte. Ungläubig hörte er eine Weile zu, dann sagte er:

„Leider leben meine Großeltern und mein Vater nicht mehr, aber ich bin gespannt, ob Tante Irene etwas weiß. Irgendwie kann ich das alles nicht glauben."

Tante Irene bestätigte übrigens diese Geschichte. Ihre Mutter, Christophs Großmutter, hatte sie mal beiläufig erzählt. Auch, dass sie diesen Mann nie vergessen konnte, obwohl sie später schweren Herzens einen anderen geheiratet hatte. Melanie streifte den Ring wieder über, und wir waren alle gespannt, was passierte. Doch sie strahlte nur.

Ich leerte energetisch vorsichtshalber noch Melanies Angstschublade, trennte sie noch einmal von den Ereignissen ab. Dabei konnte ich aus dem Augenwinkel sehen, dass Christoph noch etwas auf dem Herzen hatte, und fragte ihn direkt danach. Nur zögernd rückte er mit der Sprache heraus.

„Ich war vor Melanie eine Weile mit Kerstin zusammen und schwer verliebt. Als ich ihr einen Freundschaftsring schenkte, erstarrte sie von einer Minute zur anderen zu Eis. Sie war wie umgewandelt, beendete bald darauf die Beziehung und ließ mich ohne jede Erklärung zurück."

Ja, ich denke auch das hängt mit der Großmutter von Christoph zusammen. Auch für mich ist das hier absolutes Neuland, und ich kann bis heute nicht ganz nachvollziehen, wieso sich diese Ahnengeschichte auf Melanie niederschlug und Christoph quasi nur der Überträger war. Ich habe später noch oft über diese Geschichte nachgedacht, aber eine logische Erklärung dafür nicht gefunden.

Übrigens für alle, die das an dieser Stelle nicht glauben: Melanie und Christoph haben mir im Sommer darauf ein Foto als Brautpaar geschickt. Die Angst um Christoph war und blieb verschwunden, das Foto aber habe ich noch heute. Der Verlobungsring war auch kein Erbstück, Christoph hatte tatsächlich neue Ringe beim Juwelier gekauft.

Mir hat diese Geschichte gezeigt, dass wir Menschen die Tragweite der Traumata unserer Ahnen und wie sie auf die nachfolgenden Generationen wirken oder übertragen werden können, einfach noch nicht wirklich erfassen können.

Kann ich selbst zu solch einer Lösung kommen?

Vielleicht, liebe Leserin, lieber Leser, werfen bei dir die zwei vorangegangenen Kapitel die Frage auf, ob eins deiner Probleme seine Ursachen in der Ahnenreihe hat. Nicht jedes Medium ist sensibel für diese Thematik, ehrlich gesagt war ich es bis vor vier Jahren auch noch nicht und habe solche Zusammenhänge wohl auch übersehen.

Wir alle wachsen mit der Erfahrung. Das, was man jedem Beruf zugesteht, sollte man auch einem Medium zugestehen. Du erwartest ja auch nicht von einem frisch ausgelernten Gesellen, dass er das gleiche Wissen wie sein Meister hat. Aus diesem Grund habe ich hier eine kleine Meditation entwickelt, die dir helfen soll zu prüfen, ob es bei deiner Problematik einen Zusammenhang mit deinen Ahnen gibt und du sie mit dieser Methode eventuell auflösen kannst.

Ich empfehle dir, diese Mediation auf ein Aufnahmegerät zu sprechen und in Ruhe abzuhören.

Suche dir einen ruhigen Platz, achte darauf, dass du nicht gestört wirst, und lege dir Papier und Stift bereit, damit du dir nach der Meditation etwaige Erkenntnisse sofort aufschreiben kannst. Meditieren kann man am besten im sogenannten Thetazustand. Aus diesem Grund setze ich mit dir in dieser Meditation die Hirnfrequenz bewusst in den Thetazustand. Mach dir keine Gedanken, wenn es dir fremd ist, dein Hirn weiß genau, was zu tun ist. Die klare Ansprache an das Gehirn reicht vollkommen aus. Der Mensch wechselt am Tag ständig durch alle Hirnfrequenzen. Da du dieses eh bereits selbstständig tust, brauchst du dir auch keine Gedanken über die Technik zu machen. Einfach loslegen – und in dem Bewusstsein, dass jede Meditation dir hilft, deinen Cortisol-Spiegel zu optimieren. Cortisol ist ein Langzeitstresshormon und gilt auch als Hauptursache für Depressionen und Burn-Out.

Meditation zum Knotenlösen durch die Ahnen

Nimm bewusst ein paar tiefe Atemzüge. Versuche bewusst, dein eigenes Energiefeld um dich herum wahrzunehmen. Wie fühlt es sich an? Ist es weit, ist es eng? Was für Impulse bekommst du? Ganz egal, ob du die Informationen weißt, spürst, hörst oder siehst. Achte einfach darauf, was bei dem Gedanken an dein eigenes Energiefeld in dir hochkommt.

Bitte jetzt dein Hirn, sich auf die Frequenz von 5,7 Hertz zu setzen. Und spüre dabei, was sich verändert. Solltest du dich mit dieser Frequenz zu müde für die Meditation fühlen, setze deine Hirnfrequenz bewusst auf 7,2 Hertz.

Stell dir jetzt bitte einen imaginären Punkt zwischen deinen beiden Augen vor. Dort befindet sich der Raum hinter deinen Augen. Genau dort gehst du jetzt hin, du tauchst regelrecht ein in diesen Raum. Der Raum ist wahrscheinlich dunkel. Wenn du möchtest, kannst du ein Fenster öffnen, damit Licht hineinfällt. Mach es so, dass du dich wohlfühlst.

Bitte sei dir an dieser Stelle bewusst, dass der Raum hinter deinen Augen das Zentrum deiner Intuition ist. Jede Reise dorthin verbindet dich immer ein Stück weit intensiver mit deiner Intuition. Welche Situation/welches Thema möchtest du gerne hinterfragen? Bitte formuliere in deinem Kopf jetzt dieses Thema klar und deutlich, von dem du wissen möchtest, ob die Ursa-

chen bei den Ahnen liegen. Nimm für einen Moment die Energie dieses Problems wahr. Wie fühlt sich das Problem an, wo spürst du die Schwere zu diesem Thema am Körper?

Wenn du dir die Stelle bewusst gemacht hast, kehre zurück in deinen Raum hinter den Augen. Lade jetzt den jeweils 7. Ahn der männlichen und weiblichen Ahnenreihe in deinen Raum hinter den Augen ein. Warte einen Moment, bis du entweder spürst, dass sie da sind, oder es einfach weißt. Sobald du den Impuls in dir hast, dass sie da sind, stell in Gedanken folgende Frage:

Hängt mein Thema mit meinen Ahnen zusammen? Der erste Impuls, ob JA oder NEIN, ist die Antwort auf diese Frage. Bitte achte jetzt bewusst auf deinen ersten Impuls. Solltest du keinen Impuls haben, setze deine Hirnfrequenz noch einmal bewusst auf 5,5 Hertz, indem du dein Hirn bittest, sich auf diese Frequenz herabzusenken, und stell die Frage jetzt bitte erneut: Hängt mein Thema mit den Ahnen zusammen?

Achte wieder auf das erste Gefühl, das in dir aufsteigt, denn das enthält die Antwort. Wenn du ein Nein erhältst, bedanke dich und komm in deinem Tempo in das Hier und Jetzt zurück. Bekommst du ein Ja, bitte jetzt die zuständige Ahnfrau oder den zuständigen Ahnmann, zu dir in deinen heiligen Raum hinter den Augen zu kommen. Bist du unsicher, brauchst du etwas Geborgenheit, dann lade deinen Schutzengel ebenfalls ein, deinen Raum zu betreten.

Stell dir jetzt vor, dass in deinem Raum ein großer Kinosessel auftaucht. Du kuschelst dich hinein und sagst zu dir selbst: Ich bin bereit, die Bilder meiner Ahnen zu empfangen, um meine aktuelle Situation besser zu verstehen und sie gegebenenfalls aufzulösen. Du verfolgst für einen Moment deine Atmung ganz *locker, spüre ihr einfach nur nach, ohne etwas zu erzwingen.*

Bitte deine Hirnfrequenz jetzt bewusst auf 6,7 Hertz. Spüre nach, wie sich das anfühlt, und jetzt stell dir vor, wie vor dir eine große Kinoleinwand erscheint und dir der entsprechende Ahn Einblick in die Situation seines Lebens gibt, die ihn traumatisiert hat und die dich aus der Ahnenreihe heraus belastet. Lass dir Zeit. Du musst nicht unbedingt etwas sehen. Manchmal spürt man einfach, weiß man einfach, hört man einfach. Alle Hellsinne können jetzt eine Rolle spielen, es ist nicht wichtig, welcher jetzt die Brücke zu deinem Ahnen bildet. Sei einfach bereit, auf allen Kanälen zu empfangen. Nimm dir jetzt so viel Zeit, wie du brauchst.

Sollte nichts kommen, dann bitte deine Ahnen, dir die Geschichte über Träume zu übermitteln. Hast du etwas erhalten? Dann merke es dir bitte gut und mach dir klar, du bist nur Zuschauer.

Bedanke dich jetzt bei deinen Ahnen und verlasse langsam und in deinem Tempo den Raum hinter deinen Augen. Setze bewusst die Hirnfrequenz auf 11,5 Hertz zurück und komme in deinem Tempo zurück in das Hier und Jetzt.

Wenn du etwas erhalten hast, schreibe es bitte so genau wie möglich auf. Versuche, dich an alle Details zu erinnern.

Natürlich heißt das jetzt nicht, dass, wenn du die Bilder hast, alles automatisch auch aufgelöst ist. Aber oft ist es schon hilfreich, sich bewusst zu machen, dass man für andere trägt.

Unglaublich viele Menschen kommen zu mir in die Einzelsitzungen, weil sie Schmerzen haben und die Mediziner glauben, diese seien eingebildet, weil es keine organische Ursache

[handwritten at top: große Verlustängste? immer wieder alles aufgebaut, dann wieder alles verlieren, wieder neu aufpflegen, bei O₁]

gibt, oder weil Ängste einem die Lebensqualität nehmen, und es scheinbar keinen vernünftigen Grund dafür gibt. Hier finden die Menschen oft schon Trost, wenn sie die Ursache kennen.

Mit dieser Meditation hast du schon mal das Werkzeug an der Hand, um eine Begründung zu finden. Glaube nicht, dass du dir die Ergebnisse bei einer Meditation einbildest. Das kollektive Unterbewusstsein, auf das auch deine Ahnen zugreifen, übermittelt uns oft Bilder, die Lösungen enthalten. Zum Beispiel in unseren Träumen. Wir müssen nur langsam wieder lernen, gezielt hinzuschauen und auf die entsprechenden Bilder zu achten.

[handwritten: euren fleißige Intelligenz, liebe- voll + großmütig, sie viel ber haupte könne]

Merke:

Je aufmerksamer du mit deinem Vorbewusstsein (das Unbewusste, das man sich bewusst gemacht hat) umgehst, desto intensiver kannst du in deinen Selbstheilungsprozess einsteigen.

[handwritten: viel d. notwendige Selbheryt]

Was kannst du jetzt mit deinen empfangenen Bildern anfangen?

[handwritten: Weiß eades! Neel leud l]

Die Psychologie vertritt die Meinung, dass man die dazugehörigen Emotionen noch einmal erleben muss, um sie aufzulösen. Ich mache das ja auch oft in meinen Einzelsitzungen, aber hier gibt es einen riesigen Unterschied: Ich bin da und kann die Menschen mit den verschiedensten Techniken auffangen. Die Wolkenübung ist eine gute Methode, um selbstständig an dieser Stelle weiterzumachen. Du findest diese Übung im nächsten Kapitel.

[handwritten at bottom: viele Kinder Scheren! Kinder, viele Existenzerpse + Jagd Sünden du Kids in euren Kope: Kindheit ...]

Die Wolkenübung

Diese Übung ist so effektiv, dass sie ein eigenes Kapitel verdient hat. Sie ist wirklich hilfreich, um Traumata und Schwere in uns zu wandeln. Und baut auch auf der wissenschaftlichen Erkenntnis auf, dass Emotionen und Visualisierungen die hilfreichsten Methoden sind, Traumata aufzulösen. Auch die weitergegebenen Genveränderungen durch die Ahnen können sich so wieder in Einklang bringen.

Jeder Körperteil reagiert auf Ansprache. Auch das Gehirn, wobei die Hirnströme in verschiedenen Wellen gemessen werden. Bekannt ist folgende Einteilung:

0-4 Hz Delta

4-7 Hz Theta

8-12 Hz Alpha

13-38 Hz Beta

39-100 Hz Gamma

Wir halten uns meist in der Beta-Frequenz auf, und hier entwickeln wir leider auch den meisten Stress und die meisten Ängste.

Merke:
Im Beta-Zustand tanzt das körpereigene Cortisol Cha-Cha-Cha.

Daher gilt:
So oft es geht, bewusst raus aus dem Beta- Zustand, hinein in Alpha und Theta!

Dieses Wissen ist wichtig für die eigentliche Übung, damit du dir auch immer bewusst vor Augen führst, wie wichtig es ist, sich selbst zu beobachten.

Die eigentliche Übung

Bitte jetzt ganz bewusst dein Hirn auf 25 Hz. Warte einen kleinen Moment ab, bis das Hirn sich darauf eingestellt hat. Dann stellst du dir über deinem Kopf eine riesige Wolke vor.

Setze jetzt genau die Situation oder die Person, die dich belastet, die dich wütend macht, die dich verletzt hat, in diese Wolke. Lass jetzt alle deine negativen Emotionen bewusst dort einfließen. Wichtig ist hier, alle negativen Emotionen zuzulassen. Und zwar am besten ohne abzubremsen. Je mehr du die negativen Emotionen zulassen kannst, desto intensiver kannst du wandeln, auch oder gerade, wenn der Schmerz dabei hochkommt. Achte darauf, dass du dabei gleichmäßig atmest. Gegebenenfalls musst du die Emotionen mit dem Atem durch deine Füße ausleiten. Wenn du alle Emotionen wahrgenommen hast, bitte dein Hirn, sich auf 9,4 Hz zu setzen. Warte bitte einen Moment ab, bis dein Hirn sich darauf eingestellt hat.

Jetzt schaust du dir die Situation in deiner Wolke noch einmal in der jetzigen Hirnfrequenz an. Du wirst sehen, die ersten Emotionen verlieren an Schrecken. Registriere deine Emotionen jetzt bitte ganz genau und nimm in Gedanken eine Nadel und stich die Wolke auf. Lass jetzt alles aus der Wolke herausfließen. Alle alten, schmerzenden Emotionen. Raus damit, halte nichts fest, und leere deine Wolke vollständig. Bitte dein Hirn jetzt auf 6,4 Hz und schau dir in dieser Frequenz die leere Wolke an. Nimm wahr, dass alles gelöst ist.

Jetzt setzt du wieder hoch auf 9,4 Hz und wandelst jetzt die erlebte, unangenehme, schmerzende Situation in eine positive Situation um. Lass den positiven Emotionen jetzt ganz gewusst freien Lauf. Schicke ein Lächeln hinterher, das festigt die positive Energie.

Sobald du zufrieden mit dem Bild in deiner Wolke und den Emotionen bist, klopfst du mit zwei Fingern dreimal unter deine Lippen und sagst dabei: „Ich verankere diese neue Energie in meinem körpereigenen Energiefeld."

Auf diese Art und Weise kann man selbstständig und effektiv beginnen, den Wandel in den eigenen Strukturen und Mustern zu vollziehen. Wiederhole diese Übung so oft du Lust hast, du kannst alle deine Probleme mit dieser Methode angehen.

Wenn Karma auf Ahnen trifft

Ich muss zugeben, ich kannte Katjas Thematik vor der Ahnenaufstellung genau. Wochen vorher war sie bei mir zur Einzelsitzung, und das große, schwierige Thema, das mir sehr ans Herz ging, war:

Katja hatte innerhalb von vier Jahren zwei Schwangerschaften, und jedes Mal verstarb im 7. Monat das Kind im Mutterleib. Was das für eine werdende Mutter bedeutet, vermag man sich kaum vorzustellen. Katja musste in beiden Fällen ihr totes Kind durch Kaiserschnitt aus ihrem Körper lösen.

Beim ersten Mal war sie in einer Klinik, in der man kein Verständnis und auch keine Zeit für sie aufbrachte. Sie hatte nicht die Möglichkeit, sich von ihrem Kind zu verabschieden. Bei der zweiten Totgeburt ging man, Gott sei Dank, in der Klinik behutsamer mit der traumatisierten Mutter um. Sie bekam ausreichend Zeit, sich von ihrem Kind zu verabschieden. Eine gute Freundin hatte ein Kleidchen für das Kind genäht und machte Fotos. Katja war wie versteinert, als sie zu mir kam. In ihren Augen war jedes Feuer erloschen.

„Ich funktioniere zwar, aber ich fühle mich wie ein Roboter. Glaub mir, ich bin verflucht. Drei Kinder wollte ich schon als kleines Mädchen haben, andere misshandeln ihre Kinder oder setzen sie aus", stieß sie verzweifelt hervor. Was erschwerend hinzukam war, dass die Ärzte keine wirkliche Erklärung liefern konnten. Ihr Mann trauerte auf eine andere Art, und Katja ließ ihn auch nicht mehr an sich heran. Ich war beruhigt, als Katja in einem Nebensatz sagte, dass sie bei einer Psychologin eine Verhaltenstherapie machte und diese ihr den Rat gegeben hatte, zusätzlich bei mir wenigstens eine Sitzung zu buchen. Bei mir war sie eigentlich nur aus einem Grund. Sie wollte Jenseitskontakte zu ihren Kindern haben. Mir ist dabei immer ganz wichtig zu erwähnen, dass eine Sitzung bei mir weder einen Arztbesuch noch eine Psychotherapie ersetzt. Und das ist nicht einfach so dahingesagt. Ich bin dankbar, dass inzwischen einige Ärzte und Psychologen mir Klienten schicken und meine mediale Ursachen-Einschätzung möchten, um effektiver zum Wohl des Klienten arbeiten zu können.

Oft finden meine Klienten Antworten in meinen Sitzungen, und doch ist es wichtig, nachzuarbeiten. Das kann ich nicht leisten, gute Psychologen aber schon.

In dieser Sitzung waren die Jenseitskontakte zu ihren verstorbenen Kindern wundersam klar und sehr intensiv. Wir weinten beide, Katja und ich. Doch immer wieder zeigte sich auch eine Verstorbene im Nonnengewand. Diese sagte nichts, und Katja konnte damit nichts anfangen. Alles, was sie hervorstieß, war: „Ich hasse die Kirche – ich kann damit nichts anfangen. Und ich kenne auch keine verstorbene Nonne."

Ich ließ es so stehen, verstand ich doch, dass es Katja lediglich um die Kontakte zu ihren Kindern ging und alles andere wohl jetzt nicht an der Zeit war. Wie sollte ich mich doch irren!

Zwei Wochen später rief mich Katjas Psychologin an. Katja war bei ihr gewesen und hatte ihr wohl auch den Sitzungsmitschnitt vorgespielt. Diese Psychologin hatte vor einiger Zeit auch eine Ahnenaufstellung bei mir gemacht, und so fragte sie mich, ob es in der nächsten Ahnenaufstellung noch einen Platz für Katja gäbe und ob sie mitkommen dürfe. Oh nein, ausgerechnet jetzt war ich vollkommen ausgebucht. Doch mein Impuls war in diesem Moment: Wir müssen es Katja möglich machen.

Also organisierten wir nur für Katja eine Ahnenaufstellung. Nun, für eine Ahnenaufstellung brauchen wir mindestens 12 Personen. Ich bin noch heute dankbar, dass sich meine damalige Jenseitsausbildungsgruppe bereit erklärte, dies am Abend nach eigenem Unterricht bei mir noch zu tun.

Die Ahnenaufstellung ist nicht nur für mich sehr anstrengend, sondern gleichzeitig auch für die Personen, die sich als Stellvertreter zur Verfügung stellen. Die Einzigen, die Katjas Problematik kannten, waren Katja selbst, ihre Psychologin und ich. Es war für mich beruhigend, dass Katja professionelle Unterstützung im Gepäck hatte, hatte ich doch Katjas Leere und Selbstaufgabe in unserer Einzelsitzung sehr intensiv wahrnehmen können.

Die Aufstellung begann, und beim 7. Ahn war alles noch relativ harmlos. Doch bei der 5. Ahnfrau passierte es. Es war die Nonne, die sich hier deutlich zeigte. Um sie herum waren einige Kinderseelen, und Daniela, die als 5. Ahnfrau in der Aufstellung stand, begann zu weinen und ging regelrecht in die Knie. Es dauerte einen Moment, bis ich alle Bilder, die sich mir in diesem Moment zeigten, aufgenommen und analysiert hatte. Noch während ich dastand, schoss Katja wie ein Pfeil auf Daniela als 5. Ahnfrau zu. Beide Frauen klammerten sich wie zwei Ertrinkende aneinander und weinten bitterlich.

Was hatte ich wahrgenommen?

Die 5. Ahnfrau wurde schon als ganz kleines Mädchen in ein Nonnenkloster gegeben, da die Eltern ihre vielen Kindern nicht mehr satt bekommen hatten. Der 5. Ahnfrau wurde also früh die Bindung zur ganzen Familie entzogen. Schon in jungen Jahren musste sie Missbrauch durch katholische Priester ertragen und wurde einige Male schwanger. Die Kinder wurden ihr sofort nach der Geburt weggenommen ,und sie wusste nie, was aus ihnen geworden war. Irgendwann trug sie völlig verzweifelt wieder ein Kind unter dem Herzen, und ihr gelang hochschwanger die Flucht aus dem Kloster. Als das Kind zur Welt kam, verstarb die 5. Ahnfrau kurz nach der Geburt und musste ihr Kind schutzlos zurücklassen. Soviel Drama an einer Stelle in der Ahnenreihe ist selten.

Aber es waren einige Antworten darin enthalten. Es erklärte Katjas regelrechten Hass auf die katholische Kirche. Mit diesem Hass hatte sie schon früh ihre gut katholische Großmutter an die Grenze der Verzweiflung gebracht. Energetisch werden solche Wellen in der Ahnenreihe oft weitergetragen und kommen dann irgendwann zum Ausdruck, entbehren jeder logischen Erklärung und sind für das Umfeld nicht erklärbar. Niemand verstand in der Familie, warum Katja schon als kleines Mädchen nicht in die Kirche gehen wollte. Sie schrie und strampelte so intensiv, dass die Eltern es ziemlich bald aufgegeben hatten und die Großmutter sich von diesem Kind distanzierte: Da müsse ja wohl der Teufel im Spiel sein.

Spannend, was sich durch Ahnenarbeit manchmal erklärt.

Ich begann, zwischen Katja und der 5. Ahnfrau von oben nach unten mit den Fingern zu schnippen und formulierte dabei folgenden Satz:

„Ihr müsst beide nicht mehr die Schwere füreinander tragen. Ich gebe jeder ihren Seelenanteil zurück, sodass ihr beide frei weitergehen könnt, ohne in Schwere aneinander gebunden zu sein." Damit konnten beide Frauen schon mal durchatmen, sich lösen.

Plötzlich fiel es mir wie Schuppen von den Augen. Wie hatte ich das übersehen können? Die Aura der 5. Ahnfrau war nahezu identisch mit Katjas Ahnfrau. Wie konnte so etwas sein? Das hatte es in all den Aufstellungen, die ich bereits gemacht hatte, noch nie gegeben. In mir machte sich zwar eine Ahnung breit, aber konnte das sein? Ich verwarf den Gedanken so schnell, wie er gekommen war, und fragte Toularion, meinen Geistführer, um Rat. Es war erstaunlich, er bestätigte nahezu umgehend, was ich für unmöglich gehalten hatte. Katja ist in ihrer eigenen Ahnenreihe wiedergeboren worden, die 5.Ahnfrau war ein Vorleben von ihr. Das war heftig. Aber als ich es laut ausgesprochen hatte, entspannten sich beide Frauen sichtlich und fühlten sich sofort leichter. So etwas Verrücktes hatte ich bis dahin noch nie erlebt. Ein karmisches Paket, und ein Paket aus der Ahnenreihe – doppelte Schwere bei Katja?

Es war seltsam, aber für alle, die an diesem Tag in diesem Raum standen, so glasklar. Wir machten uns alle gemeinsam daran, das Erkannte energetisch aufzuräumen. Katja hatte an der Stelle eine Frage: „Habe ich unbewusst die Kinder in meinem Körper in den Tod geschickt? Habe ich das getan, um sie nicht bewusst verlieren zu müssen?"

Die Frage stand wie ein Paukenschlag im Raum. Meine Jenseitsgruppe hielt regelrecht die Luft an, jeder wusste, dass die Antwort elementar für Katja war. Die Psychologin und ich sahen uns für einen Moment in die Augen, wir fühlten beide das Gleiche. Katja brauchte keine Antwort aus dem Verstand, die sie beruhigte, sondern Klarheit und Ehrlichkeit. Hier das Channeling, das für Katja an dieser Stelle aus der Geistigen Welt durchkam. Da Katja ihre Ahnenaufstellung aufgezeichnet hatte, kann ich das Channeling Wort für Wort zitieren:

„Geliebtes Menschenkind, über Leben und Tod entscheidet die Seele allein, legt es in ihrem großen Plan, den ihr Leben nennt, fest. Auch entstehendes Leben auf der Erde ist in allen Zeiten des Wachstums eng mit der Seele verbunden. Nur der Wille einer jeden einzelnen Seele zählt, wann sie die Erde wieder verlassen möchte. Die Seelen ringsherum stellen sich lediglich zur Verfügung. Aus Liebe zu dieser Seele machen sie es möglich, die Seele ihren vorbestimmten Weg auf Erden gehen zu lassen.

Auch wenn es für dich mit großem Schmerz verbunden war, bist auch du ein Teil des Großen Ganzen. Dankbar, dass du damit altes Karma in Heilung gegeben und du deiner eigenen Seele dadurch wieder Wachstum ermöglicht hast. Auch wenn es dir aus dem Blickwinkel des Menschseins alles abfordert, stellt es die Weichen, deinen eigenen Seelenplan weiterzubringen. Die Antwort ist tief in dir, du spürst, wohin deine Reise geht, wo dein wirklicher Platz ist.“

Durchsage von Erzengel Michael

Im Seminarraum herrschte angespannte Stille, wir alle warteten auf Katjas Reaktion. Katja begann leise zu nicken, auch wenn dabei immer noch Tränen aus ihren wunderschönen Augen liefen. Gemeinsam gingen wir in der Ahnenaufstellung weiter, kümmerten uns um die restlichen vier Ahnfrauen von Katja. Spannend war zu sehen, wie sich Katjas Gesicht ab diesem Zeitpunkt verändert hatte. Sie wirkte wieder weicher, lebendiger.

Als die Aufstellung durch war, brauchte jeder einen Moment für sich. Es war extrem heftig, extrem erklärend und aufwühlend. Es war ein Wegweiser für Katjas späteren Platz im Leben.

Für Katja hatte sich mit dieser Aufstellung wirklich viel getan. Sie hat ihre Verhaltenstherapie fortgeführt, inzwischen bei mir die Jenseitsausbildung gemacht, später eine Hospiz-Ausbildung und ihren endgültigen Platz in der Trauerbegleitung von Eltern gefunden, die ein Kind verloren haben. Es ist banal zu sagen: Kein Weg, den wir auf dieser Erde gehen, ist umsonst, und doch ist es so. Unser menschlicher Verstand ist wie ein Filter, der uns im Weg steht, wenn die Seele uns mit vielen Zeichen den Weg weist. Doch Hand aufs Herz! Gehört das nicht genau zum Menschsein dazu? Nur so erleben wir Wachstum, wenn wir nämlich nach Tiefschlägen wieder aufstehen.

Interessant war auch, dass ausgerechnet Daniela in dieser Aufstellung auf dem 5. Platz der Ahnfrau stand. Hatte Daniela doch ebenfalls eine Fehlgeburt in jungen Jahren gehabt und sich schuldig gefühlt, weil sie in der Zeit Extremsport entgegen der Empfehlung der Ärzte betrieben hatte. Daniela hat sich, wie sie mir später erzählte, nie erlaubt, um dieses Kind zu trauern. Ihre Schuldgefühle überdeckten alles und ließen dafür keinen Raum. Daniela hat nicht nur als 5. Ahnfrau den Tränen freien Lauf gelassen, sondern auch ihre eigene Trauer. Das war ihr in diesem Moment auch sehr intensiv bewusst. Das ist genau das, was ich immer wahrnehme und sage: Keiner steht ohne Grund auf dem Platz eines bestimmten Ahnen!

Mir ist klar, dass auch das ein extremes Beispiel meiner Aufstellungsarbeit ist. Aber ich denke auch, dass diese Geschichte ihren berechtigten Platz in diesem Buch hat. Zeigt sie doch, dass uns Schicksalsschläge oft in unsere Berufung bringen.

Schicksale im Zweiten Weltkrieg

Oft schlagen in der Ahnenaufstellung erbarmungslos die Geschichten rund um das Kriegsgeschehen zu. Es sind immer extreme Momente in der Ahnenaufstellung, da wir meistens zu den betroffenen Ahnen noch persönlichen Kontakt hatten oder haben. Es sind nicht nur einfach meine Ahnen, die Ahnen haben an dieser Stelle ein Gesicht. Wir kennen vielleicht Teile ihrer Vita, und trotzdem bringen wir mit dem Großvater, den wir kennen, nur schwer seine Kriegserlebnisse in Verbindung. Das zeigt sich immer wieder. In diesem Zusammenhang fällt auch der Ausdruck Kriegserbe. Und ich finde diesen Ausdruck so aussagekräftig. Wir tragen die nicht aufgearbeitete Last unsere Ahnen aus dieser Zeit auf unseren Schultern.

An dieser Stelle wird Ahnenarbeit oft missverstanden. Es geht nicht darum, abenteuerliche Geschichten auf das Tapet zu bringen oder gar dem beteiligten Menschen irgendwelche Masken herunterzureißen. Es geht um vollkommen andere Dinge. Nämlich: Die Traumata zu lösen, Schuldgefühle zu löschen und die Seelenanteile, die in der Verdrängungsphase verloren gingen, wieder zurückzuholen. Es gibt zahlreiche solcher Geschichten aus unzähligen Ahnenaufstellungen. Eine möchte ich auch hier ganz besonders erwähnen.

Als ich Dagmar kennenlernte, war sie gerade frisch getrennt und dabei, ihr Leben vollkommen umzukrempeln. Sie machte sich große Gedanken um ihren Sohn Jan und bat mich, ihn in der Aufstellung mit aufzustellen. Kurzer Hinweis: Ich habe die Erlaubnis, ihre Geschichte aufzuschreiben, wir haben uns aber darauf geeinigt, die Namen zu ändern.

Als wir zu ihrem Opa väterlicherseits, also den zweiten Ahn in der Aufstellung, kamen, wurde es schlagartig kalt im Raum. Alle Anwesenden, ob in der Aufstellung oder am Rand sitzend, begannen trotz hochsommerlicher Temperaturen zu frieren.

Ich bat Dagmar, auf ihren Opa zuzugehen, doch sie hatte keine Chance. Die Person, die für ihren Opa stand wandte sich ab, ignorierte sie völlig. „So war er immer", brach es aus Dagmar heraus. „Er hat sich nie mit uns abgegeben, kaum geredet und sich nicht für mich und meine Geschwister interessiert."

Ich betrachtet die Aura der Person, die für den Opa stand. Übrigens ist es spannend, sobald ein Stellvertreter in die Rolle eines Ahns schlüpft, nimmt er auch dessen Aura an. Dieses Phänomen können Aura-Sichtige deutlich wahrnehmen, für mich wieder ein deutlicher Beweis, was für ein Wunder der Mensch eigentlich ist. Ich konnte in der Aura des Opas wahrnehmen, dass die Kontaktlinie vollkommen abgebrochen war und er mit riesigen Schuldgefühlen zu kämpfen hatte.

Zum besseren Verständnis: Jeder Mensch hat in meinen Augen in seiner Aura eine sogenannte Kontaktlinie. Aus dieser kann ich relativ schnell ablesen, wie kontaktfreudig der Mensch im Umgang mit anderen Menschen ist.

Wenn ich dann Bilder bekomme, stelle ich gerne Dinge verdeckt auf. Will heißen, ich verrate nicht, wer für was steht, um einfach schnell an die Stellen zu kommen, wo energetisches Auflösen möglich ist.

Hier habe ich sofort gewusst, was ich hineinstellen muss. Hier stellte ich unter anderem das Warschauer Ghetto auf, und das war gut so. Spannend ist, dass Dagmars Oma noch lebte und hinterher das meiste bestätigen konnte. Hier die Kurzfassung von dem Bild, das sich gezeigt hatte:

Dagmars Opa war als junger Soldat abkommandiert, das Warschauer Ghetto mit zu bewachen. Seine Soldatenkameraden nannten ihn Milchbubi, weil er zum einem sehr jung war und so gut wie keinen Bartwuchs hatte. Um die Häme der Soldaten nicht mehr ertragen zu müssen, agierte er besonders gemein und rücksichtslos gegen die Juden dieses Ghettos. Bald lachte niemand mehr über ihn.

Später ging es für ihn an die Ostfront, und er kam als einer der letzten aus russischer Gefangenschaft zurück, von der er ein Lungenleiden mitbrachte, von dem er sich nie wieder richtig erholte.

Ich wollte schon anfangen, den 2. Ahn aufzuräumen, als ich mit etwas konfrontiert wurde, das ich so selbst noch nie erlebt hatte.

Die Geistige Welt zeigte mir deutlich einen Fluch, der auf ihm lag. Ich konnte und wollte das nicht glauben. Also klopfte ich wieder jemanden verdeckt ein. Du kannst dir sicher schon denken, als was, nämlich als Fluch. Was jetzt kam, war spannend.

Sobald der Fluch mit in der Aufstellung stand, bekam der Stellvertreter für den Opa und auch der Stellvertreter für den Sohn Jan keine Luft mehr. Beide hielten sich am Hals fest, japsten nach Luft. Ich nahm schnell die körperlichen Symptome von beiden Aufstellenden, damit sie weiter in der Aufstellung stehen bleiben konnten, schaute aber jetzt ganz genau hin. Bevor ich etwas fragen konnte, sagte Dagmar:

„Jan hat, seit er auf die Welt gekommen ist, Lungenprobleme. Bei der Geburt war die Lunge nicht ganz entwickelt, Jan musste in den Brutkasten, und jetzt als Teenager hat er ganz schlimmes Asthma."

Die Geistige Welt zeigte mir ein weiteres Bild: Ein kleiner Junge, gekleidet in Fetzen, vom Hunger gezeichnet, läuft an der Hand seines Vaters, der ihm beruhigend zuredet. Da stoßen sie auf den Opa von Dagmar. Ohne Vorwarnung erschießt er den Vater und geht weiter. Der Sohn sitzt im Schmutz auf der Straße, klammert sich an den toten Vater und weint bittere Tränen.

Das war eine wirklich heftige Aufstellung, wir allen waren emotional berührt, und doch mussten wir uns diesen sogenannten Fluch näher anschauen. Konnte das wirklich sein? Bildete ich mir das ein? Sah ich Dinge falsch? Ich zweifelte in diesem Moment echt an mir.

Wieder stiegen Bilder auf. Ich sah den Sohn von damals als Mann in einer Synagoge stehen, und viele Männer, deren Gesichter von Traurigkeit und Verzweiflung geprägt waren, bildeten gemeinsam mit ihm einen Ring um ein goldenes Buch. Ich konnte sehen, wie sie die Hand zum Schwur hoben und hörte sie ganz weit weg leise sprechen. Instinktiv wusste ich, dass sie die Peiniger ihrer Familie an dieser Stelle verfluchten. Mit sowas hatte ich mich noch nie wirklich befasst, niemals geglaubt, dass es so etwas gibt.

Ich klopfte einen Stellvertreter für den kleinen Jungen von damals ein. Eine Versöhnung zwischen dem 2. Ahn und ihm habe ich nicht fertiggebracht. Aber er versöhnte sich mit dem 1. Ahn, Dagmars Vater, mit Dagmar und mit Jan. Sie sanken sich regelrecht in die Arme, und es war, als fielen von allen Zentnerlasten ab. Die Kälte im Raum hörte schlagartig aus. Wir lösten den Fluch energetisch aus der Ahnenreihe und bildeten bewusst ein Band der Liebe und Vergebung.

Leider schaffte ich es in der Ahnenreihe auch nicht, eine Bindung zwischen Dagmar und ihrem Großvater herzustellen.

Er war zwar bereit, seinen Platz in der Ahnenreihe anzuneh-men, die Schuldgefühle durfte ich von all seinen Nachkommen nehmen, aber in die Liebe selbst konnte ich ihn leider nicht stel-len. Er konnte sich auch selbst nicht vergeben, noch nicht mal für seine Ahnen.

Was war aber wirklich das Spannende an dieser Aufstel-lung?

Etwas, was mir lange keine Ruhe ließ: Jan hat bis heute, zwei Jahre später, keinerlei asthmatischen Beschwerden mehr. Seinem Lungenfacharzt ist das bis heute ein Rätsel. Ehrlich ge-sagt, auch wenn ich es selbst miterlebt habe, mir auch.

Struktur in die Ahnenreihe bringen

Oft erlebe ich in meiner Praxis, dass viele Menschen sich schwer tun, Struktur in ihr Leben zu bringen. Alleine aufzustehen und einem geregelten Tagesablauf nachzugehen, bringt manche Menschen an ihre Grenzen. Wenn du ein Mensch bist, der von dieser Thematik nicht betroffen ist, kannst du dich glücklich schätzen. Aber ich glaube, wir haben alle irgendwo wenigstens ein kleines Strukturproblem.

Ich bin ein Arbeitstier, hier mangelt es mir so gut wie nie an Disziplin, während Hausarbeiten mich oft an meine Grenzen bringen, mir alle Verzögerungstaktiken einfallen und von mir nicht wirklich geliebt werden. Wie gesagt, bei meiner Arbeit bin ich extrem strukturiert, weiß, wohin ich in meinen Seminaren möchte, was ich vermitteln will. Aus meiner Erfahrung heraus weiß ich, dass uns Strukturen, geregelte Tagesabläufe, leichter fallen, wenn alle Ahnen in ihrer Ahnenreihe auch wirklich ihren Platz eingenommen haben, und – noch wichtiger –, wenn du eine Bindung zu deinem 7. Ahn herstellst.

Du fragst dich jetzt sicher, wie es sein kann, dass ein Ahn seinen Platz in einer Ahnenreihe nicht eingenommen hat. In der Praxis ist mir oft aufgefallen, dass alles mit dem 7. Ahn steht und fällt.

Der 7. Ahn bündelt alle Energien der Ahnen, die den Weg vor ihm beschritten haben. Will heißen, er ist dafür zuständig, dass die Spiritualität, die Liebe, die Gesundheit von den hinteren Ahnen über ihn optimal in deine Ahnenreihe fließen. Ich frage in jeder Aufstellung den 7. Ahn, ob er Bezug zum Aufstellenden hat. Leider höre ich oft an dieser Stelle bereits ein Nein.

Zu Beginn einer jeden Ahnenaufstellung ist es daher so unendlich wichtig, eine Verbindung zwischen den beiden herzustellen. Je stärker wir die Verbindung zu unserem 7. Ahn spüren, desto erfolgreicher wird unser Zugang zur Ahnenreihe. Das mag verrückt klingen, entbehrt vielleicht jeder Logik und hat doch so große Auswirkungen, gerade wenn wir das Gefühl haben, uns selbst nicht wirklich zu spüren oder eine ewige, unerklärliche Sehnsucht in uns spüren, die wir nicht wirklich benennen können.

Kennst du so ein Gefühl? Oft fühlen wir uns einfach nicht vollständig, und das kann genauso wie die fehlende Struktur an der Anbindung zum 7. Ahn liegen. Du glaubst mir nicht? Dann probiere es mit der nächsten Übung aus. Wichtig: Vergiss nicht, dass du einen weiblichen und einen männlichen Ahn hast, die jeweils stellvertretend für die 7. Generationen stehen.

Hier zur Übung

Stell zwei Stühle gegenüber und setz dich auf einen davon. Bitte deine beiden 7. Ahnen, die stellvertretend für die 7. Generation stehen, sich auf den anderen Stuhl zu setzen. Spüre für einen Moment hinein, versuche ihre liebevolle Präsenz wahrzunehmen. Versuche jetzt bewusst, deinen Atem in deinen Herzbereich zu lenken und stell dir bildlich vor, wie aus deinem Herzbereich ein Regenbogen zur 7. Ahnenreihe beider Generationen geht.

Jetzt lässt du vor deinem inneren Auge das Bild einer brennenden Kerze erscheinen und bittest beide Ahnen, sich in dieser Flamme für einen Moment zu zeigen. Gerne auch nacheinander, ganz so, wie es sich für dich richtig anfühlt. Es spielt dabei keine Rolle, ob du tatsächlich siehst, spürst, hörst, oder ob dich einfach dein Hellwissen auf den richtigen Weg bringt. Alles ist richtig.

Sprich jetzt in Gedanken mit diesen beiden Stellvertretern für deine 7. Ahnenreihe. Bitte sie jetzt, die energetischen Strukturfäden neu durch deine Ahnenreihe zu ziehen und vor allem zu straffen, damit du in deine Kraft kommst. Sprich deutlich aus, dass dir diese ewige Sehnsucht zu schaffen macht und es JETZT die richtige Zeit zum Ankommen ist. Bedanke dich bei deinen Ahnen und bleib noch einen Moment in ihrer Präsenz sitzen, um die Verbindung zu ihnen zu festigen.

Diese Übung sollte 7x an sieben Tagen hintereinander durchgeführt werden, damit sich innerhalb von 21 Tagen die Energiefäden neu aufbauen und straffen können.

Was meine ich, wenn ich von Energiefäden in der Ahnenreihe spreche? Die Ahnen sind durch das sogenannte energetische Ahnenband verbunden. Alles ist Energie, und unsere Ahnen sind untereinander vernetzt. In einer Ahnenaufstellung zeigt sich das Band oft, wenn du die Ahnen stellst, wie eine schimmernde Leitung, die die Ahnen ständig miteinander verbindet. Oft hängt das Band aber aufgrund starker Traumata regelrecht durch, Schuldgefühle bringen die Ahnenreihe oft in eine Schieflage. Deshalb nehmen Menschen mit einer Ahnenreihe, die durch Schuldgefühle in Schieflage geraten ist, oft im realen Leben alle Schuld auf sich. Egal, worum es geht, sie reflektieren nicht, sondern gehen sofort in das Gefühl des „Schuldig-Seins".

Manchmal ist auch ein Ahn in der Ahnenreihe durch seine Erlebnisse so schwach, dass der nächste seine Aufgaben in der Ahnenreihe mit übernimmt. Schon von daher ist die oben genannte Übung ein gutes Hilfsmittel, eine Ahnenreihe in Heilung zu bringen. Dafür spielt es keine Rolle, wie tief du in die Bilder deiner Ahnenreihe eintauchen möchtest. Auch dein Wille, deine Ahnenreihen zu heilen, ist eine Energie, die der Aufmerksamkeit bewusst folgt.

Meine Oma hat mich gehasst, und ich hasse sie

Als wir Anjas Ahnenreihe aufstellten und an ihre Oma väterlicherseits kamen, fiel dieser Satz von ihr wortwörtlich. Natürlich habe ich bei der Aufstellungsarbeit immer meinen Klienten im Auge, egal, wo ich gerade in der Ahnenreihe bin. Oft stelle ich ihm auch jemanden bewusst zur Seite, der einfach energetisch den hochkommenden Schmerz lindern und einschreiten kann, wenn körperliche Reaktionen erfolgen. Dies ist während einer Ahnenaufstellung bei weitem keine Seltenheit. Doch ich achte auch auf das, was meine Klienten einwerfen. Ich habe gelernt, dass es wichtig ist, da es oft deutlich auf die bereits übernommenen Traumata hinweist. Hier war es natürlich offensichtlich.

Ich speicherte den Satz und ließ mich nicht beirren. Doch Anja legte noch eine Schippe drauf, sie war nicht zu bremsen:

„Als mein Vater ihr sagte, dass wir von Rumänien nach Deutschland auswandern, hab ich es büßen müssen. Ich, nicht meine Brüder! Sie hat mich so brutal geschlagen – über eine Stunde –, dass ich bis heute Panik habe, wenn ich nur daran denke."

Eigentlich mag ich es überhaupt nicht, wenn ich so viel gesagt bekomme, da ich weiß, dass ich die wichtigsten Eckpunkte von der Geistigen Welt gezeigt bekomme, aber ich verstand, dass dies so toxisch für Anja war, dass es unbedingt in die Heilung musste. Das Bild, das sich dann bei der Aufstellung an dieser Stelle zeigte, war sehr aufschlussreich.

Anjas Oma lebte unter der Schreckensherrschaft von Nicolae Ceaușescu in Rumänien. Ihre Nachbarin und sie waren eng befreundet. Jetzt hatte wohl ein Offizier des Geheimdienstes ein Auge auf die Nachbarin geworfen und versucht, sie zu vergewaltigen. Die Oma kam hinzu, und gemeinsam schlugen sie den Offizier in die Flucht. Am nächsten Tag wurden sie von der gefürchteten Geheimpolizei abgeholt. Die Nachbarin überlebte die Folter und den Missbrauch im Gefängnis nicht. Die Oma von Anja schon. Doch ihre Emotionen, ihre Weiblichkeit und ihre Liebe waren nicht mehr vorhanden. Alle Emotionen, die sie verletzbar machten, hatte sie wie abgespalten von ihrer Persönlichkeit. Als sich das in der Aufstellung zeigte, wurde Anja nachdenklich, aber sie war noch weit weg vom Verzeihen.

Ich probierte an der Stelle etwas Neues aus, etwas, das ich bisher noch nie in einer Ahnenaufstellung zuvor probiert hatte. Ich ging zu der Person, die für Anjas Großmutter stand, und öffnete mit der Michelangelo-Methode (eine neue Heilungsmethode, die ich von einem guten Freund gezeigt bekommen hatte) den Herzbereich. Die Wirkung war erstaunlich. Anjas Großmutter beziehungsweise der Stellvertreter begann bitterlich zu weinen, und Anja weinte mit. Ohne mein Zutun ging die Stellvertreterin zu Anja und sagte: „Ich habe in diesem Moment das erste Mal wieder etwas gefühlt, als mir dein Vater sagte, er wandere mit seiner Familie aus. All die Jahre zuvor war ich innerlich wie gestorben. Ich habe geschlagen, um meine Gefühle rauszulassen, und weil ich dich hart machen wollte für die Welt da draußen. Ich wollte, dass du überlebst, egal, was passiert, anders als meine Freundin."

Das war wieder so ein Moment, in dem wir alle die Luft anhielten und gespannt auf Anjas Reaktion warteten. Anja schrie kurz auf, flog ihrer Oma förmlich um den Hals und begann bitterlich zu weinen. Der Moment war da, wir konnten energetisch einschreiten und an dieser Stelle mit dem Lösen des Traumas beginnen. Anjas Aufstellung war die letzte an diesem Tag.

Abends saßen wir alle noch im Biergarten, und Anja, übrigens von Beruf Psychiaterin, sagte etwas, das ich nach dieser Ahnenaufstellung gut nachvollziehen kann:

„Mein ganzes Leben dachte ich, ich wäre nicht gut genug. Ich war das Opfer meiner Oma, nicht meine beiden älteren Brüder und auch nicht meine kleine Schwester. Mein Selbstwert hat so darunter gelitten, dass ich mir mein ganzes Leben die Aufgabe gestellt habe, besser als alle anderen zu sein. Was bin ich dankbar, dass ich aus der Spirale aussteigen kann und die Begründung habe, die mir mein ganzes Leben gefehlt hat."

Übrigens, es gibt auch Menschen, die ihre Ahnenreihe als unspektakulär erleben. Nicht immer gibt es so eine riesige Wirkung wie bei den Beispielen im Buch. Mir ist ganz wichtig, dass du dir dessen bewusst bist.

Geschwister und die Ahnenaufstellung

Oft kommt die Frage, ob wir solch eine Aufstellung dann im Grunde nicht nur für unsere Nachkommen, sondern auch für unsere Geschwister machen. Hierzu kommt ein klares Nein von mir. Warum?

Unterhalte dich mal mit deinen Geschwistern über Episoden aus deiner Kindheit, und du wirst eins feststellen: Jeder erlebt seine Kindheit und die Situationen vollkommen anders. Jeder hat einen anderen Bezug, andere Themen, andere Sichtweisen in Bezug auf die Eltern.

Meistens haben wir doch folgende klassische Verteilung:

Das älteste Kind ist quasi der Vorreiter, muss oft um alles kämpfen und meistens Verantwortung für die Geschwister übernehmen. Die mittleren Kinder, die sogenannten Sandwichkinder, profitieren von dem, was das älteste Geschwisterkind schon durchgesetzt hat, und das jüngste Kind ist meistens das verwöhnte Nesthäkchen. Jeder von den Geschwistern hat einen anderen Bezug zu den Eltern, zu den Situationen, und jeder geht anders damit um. Jeder trägt auch verschiedene Pakete aus der Ahnenreihe. Eigentlich unglaublich.

Übrigens arbeitet wohl gerade die renommierte Universität Oxford in der Biomedizin wie auch die Universität Freiburg an Forschungsprojekten genau zu diesem Thema. Auf die Ergebnisse bin ich schon jetzt gespannt.

Gerade an Anjas Beispiel im vorigen Kapitel wird es ja auch überdeutlich: Nur Anja hat die Schläge von der Großmutter bekommen, die anderen drei Geschwister nicht, denn diese haben einen ganz anderen Bezug zur Oma und werden auch diesen tiefen Hass nicht spüren, wie ihn Anja all die Jahre in sich gefühlt hat.

Im Übrigen hatte ich auch schon Zwillinge bei der Ahnenaufstellung dabei und im Vorfeld gedacht, die Empfindungen bei Situationen in der Kindheit seien sich sehr ähnlich.

Weit gefehlt, und das begann schon im Bezug zur Mutter, also zur ersten Ahnfrau. Es entwickelten sich zwei völlig konträre Aufstellungen mit völlig unterschiedlichen Problemen, die sich aber eins zu eins auf die derzeitige Stagnation von beiden Zwillingen übertragen ließen. Der eine Zwilling hatte ein riesiges Beziehungsthema als Dauersingle, der andere Zwilling wollte unbedingt seine Berufung als Yogalehrerin leben und litt unter extremen Existenzängsten. Von beiden kannte ich die Problematik vor der Aufstellung nicht, doch bei beiden kristallisierten sich zum jeweiligen Ende der Aufstellung ihre Themen und ihre Muster heraus. Das hätte ich niemals erwartet, dass auch bei Zwillingen solche Differenzen in den Ahnenaufstellungen möglich sind.

Adoptiert

In all den Jahren der Ahnenarbeit gab es auch Klienten, die von Anfang an erzählten, dass sie adoptiert sind und so gar nichts über ihre Herkunftsfamilie wüssten, und versuchten, über die Aufstellung das große WARUM zu klären. Warum habt ihr mich zur Adoption frei gegeben? Warum habt ihr mich nicht geliebt? Warum habt ihr mich all die Jahre nie gesucht? Habt ihr mich vergessen, aus eurem Leben verbannt?

Ich kann gut verstehen, dass dies gravierende Fragen sind, die einen wirklich quälen können. Auffällig war, dass sich alle Betroffenen damit schwer taten, sich auf eine Partnerschaft einzulassen, und viele von ihnen weder Kosten noch Mühe scheuten, um die Suche nach den biologischen Eltern voranzutreiben.

Als ich das erste Mal in der Ahnenaufstellung solch einen Fall hatte, war ich sehr unsicher und frage mich: Ist es eher sinnvoll, die Herkunftsfamilie aufzustellen, oder die Adoptivfamilie? Konnte ich meinem Klienten damit schaden? Weckte diese Arbeit vielleicht falsche Hoffnungen in den Aufstellenden? Fragen über Fragen, aber ich hatte nicht wirklich Zeit, darüber nachzudenken.

Das erste Mal, als ich mit diesem Thema in einer Ahnenaufstellung konfrontiert wurde, stand eine wild entschlossene Henrike vor mir. Als ich fragte, wer denn beginnen wolle, stand sie sofort aus und schmetterte mir um die Ohren: „Ich bin aber adoptiert, und ich will die weibliche Seite meiner leiblichen Mutter aufstellen."

Und schon suchte sie sich ihre sieben Stellvertreter aus. Ich glaube, das war bis heute das einzige Mal, dass ich mir in einer

Ahnenaufstellung wirklich das Heft aus der Hand nehmen ließ und mich überrumpelt fühlte. Bis heute bin ich dankbar, dass ich in diesem Moment Toularion, meinen Geistführer, an meiner Seite hatte, der mir sofort signalisierte, dass alles okay sei. Ich atmete durch und beschloss, nichts, aber auch gar nichts, anders zu machen als sonst. Und das war gut so!

Henrikes weibliche Ahnenreihe wies ein extremes Suchtpotenzial auf, ständig kam das Thema Alkohol auf den Tisch und extreme Verlustängste. Als wir zur Oma, also dem zweiten Ahn, kamen, schlugen Henrike heftige Ablehnung und Wut entgegen. Das verwunderte mich anfangs sehr, doch mit der Zeit wurde das Bild klarer.

Henrikes Mutter war erst 16, als sie schwanger wurde. Sie hatte sich in einen bedeutend älteren Mann verliebt, der allerdings verheiratet war und sie nur als kleine Affäre betrachtete. Henrikes Mutter erhoffte sich aber von diesem Mann, aus dem von Alkohol und Gewalt geprägten Elternhaus geholt zu werden. Als sie Henrikes Vater mit der Schwangerschaft konfrontierte, verlangte dieser die Abtreibung und ließ das schwangere Mädchen im Stich. Die Oma, als sie von der Schwangerschaft erfuhr, verlangte ebenfalls eine Abtreibung. Allerdings war zu diesem Zeitpunkt die Schwangerschaft bereits für einen Abbruch zu weit fortgeschritten. Der Kindsvater zahlte eine große Summe an die Oma, um nicht als Vater belangt zu werden, und die Oma ließ auch der werdenden Mutter nicht wirklich eine Entscheidungsfreiheit. 1949, nur vier Jahre nach Kriegsende, war das wohl alles noch möglich.

Sofort nach der Geburt wurde Henrike zur Adoption freigegeben. Die junge Mutter hatte kein Mitspracherecht.

Spannend war, was Henrike hinterher zu erzählen wusste, übrigens Dinge, die ich gar nicht wissen konnte:

Henrike hatte mit 23 Jahren geheiratet und brauchte für das Aufgebot ihre Geburtsurkunde. Bis dahin wusste sie nicht, dass sie adoptiert worden war. Als Vater stand in der Urkunde „unbekannt", bei der Mutter Name und Geburtsdatum. Das war ein riesiger Schock und führte zu einer Kluft zu den Adoptiveltern, die einige Jahre andauern sollte.

Sie machte sich auf die Suche und entdeckte, dass ihre leibliche Mutter einen US-Amerikaner geheiratet hatte und in die Staaten ausgewandert war. Sie machte sich dort auf die Suche, aber alle Spuren verliefen im Sand. Leider bis heute. Ebenfalls interessant ist, dass Henrike bis auf den heutigen Tag ohne ersichtlichen Grund keinen Tropfen Alkohol trinkt und sofort auf Abwehr geht, wenn in ihrer Nähe Alkohol getrunken wird.

Für Henrike war die Aufstellung an diesem Tag ein weiteres kleines Puzzleteil, um ihre Identität zu klären und die Beweggründe ihrer Mutter zu verstehen. Übrigens hat sie sich bei der Fernsehserie „Bitte melde dich" beworben, und ich drücke ihr alle Daumen, dass sich hier vielleicht bei ihrer Suche noch etwas bewegt.

Inzwischen habe ich begriffen, dass gerade adoptierte Kinder oft einige Antworten durch die Ahnenarbeit bekommen, aber die Suche nach ihrer Identität damit noch lange kein Ende hat. Nicht immer zeigt sich die Geschichte der leiblichen Eltern so klar wie in Henrikes Fall.

Bei Mark, ebenfalls adoptiert, zeigten sich bedeutend weniger Einzelheiten, als wir bei der Aufstellung zu seiner leiblichen Mutter kamen. Ich war selbst enttäuscht, da Henrike ihm empfohlen hatte, bei mir eine Aufstellung zu machen, doch die Umstände, die zu seiner Adoption führten, waren nicht so klar zu sehen wie bei Henrike. Mark empfand das gar nicht so, wie ich am nächsten Tag seiner Mail entnehmen konnte:

Liebe Silke,

das war so wunderbar! Es war, als hätte mich meine richtige Mutter im Arm gehabt, und am liebsten wäre ich ewig so dagestanden. Wenn ich mir diese Ahnenreihe so anschaue, erkenne ich mich in vielem wieder. Bitte reserviere mir einen Platz für die nächste Aufstellung. Jetzt knacken wir meinen Vater.

Grüßle aus Schwaben
Mark

Scheinbar lag meine eigene Messlatte einfach zu hoch.

Ich bin Mark für diese Zeilen sehr dankbar, denn das hat in mir vieles gelöst. Wenn jetzt jemand in der Ahnenaufstellung das Wort „adoptiert" benutzt, bin ich bedeutend entspannter als früher. Vielleicht muss ich manchmal vor solchen Herausforderungen stehen, um mir das Wichtigste bewusst zu machen:

In einer medialen Aufstellung kann man der Geistigen Welt zu 100% vertrauen, dass sich genau das Thema zeigt, was der Klient gerade braucht. Doch wenn ich in den Pausen aus der Anbindung nach oben gehe, denke ich oft über das eben Erlebte nach und bin natürlich wieder im Kopf. Das ist nicht unbedingt immer förderlich.

Das Kruzifix

Ich bin katholisch, auch wenn ich mit der Kirchenpolitik, der Rolle der Frau in der Kirche und diesen Machtspielen im Namen der Religion nichts anfangen kann. Aber manchmal gibt es Geschichten, da fehlen auch mir die Worte. Solch eine Geschichte brachte Ralf mit.

Ralf war Bergbauer in den Alpen, der Hof schon über Jahrhunderte im Familienbesitz. Wir begannen wie immer, von hinten die Ahnenreihe zu bearbeiten. Auch hier zeigte sich bis zur 4. Aufstellung nichts wirklich Dramatisches. Kleinigkeiten, die sich gut energetisch auflösen ließen und der Gruppe so manchen Schmunzler entlockten, weil es einfach so gut zu Ralf passte.

Dann kamen wir zum 4. Ahn auf der männlichen Seite. Dieser zeigte sich regelrecht fanatisch katholisch, erzog seine Kinder mit harter Hand im Namen des Glaubens und schien auch sonst so gar nicht in diese Ahnenreihe zu passen.

Als ich mich für einen Moment in den Kopf des Ahnen einklinkte, hatte ich das Gefühl, selbst vollkommen verwirrt zu sein. Was war das? Lag hier eine Krankheit vor? Das verwarf ich ganz schnell, da aus der Geistigen Welt hierzu keinerlei Information kam. Ich stellte hier die Ehefrau dazu, und siehe da, auch sie zeigte dieses wirre Gedankenkreisen und diesen extremen religiösen Eifer und Fanatismus. Es war, als würde vor lauter Religion kein Realitätsbezug mehr da sein. Der nachfolgende Ahn, der Urgroßvater von Ralf, wies auch keinerlei emotionale, liebevolle Bindung zu seinem Vater auf. Er machte sich ganz klein, wollte von niemandem gesehen werde. Es war, als wäre die Freude in dieser Familie mit der 4. Ahnenreihe erloschen. Spannend ist, dass Ralf das genauso in seiner Kindheit empfand. Er kannte seinen Uropa als traurigen, stillen Mann, der sehr oft in die Kirche ging und immer eine extreme Unruhe ausstrahlte. Woher konnte mit einem Mal so ein Wandel in einer Ahnenreihe kommen? Es war, als ob die Lebensfreude wie weggeblasen war.

Ich hatte einen Impuls aus der Geistigen Welt, und da dieser so erstaunlich schräg war, klopfte ich Simon in diese Rolle ein, ohne ihm zu sagen, wofür er steht. Ich stellte ihm einige Fragen:

Ich: Simon, fühlst du dich weiblich oder männlich?

Simon: Ich bin unsicher, es ist seltsam. Aber ich bin unglaublich mächtig und tendiere deshalb zu männlich.

Ich: Übst du deine Macht aus?

Simon: In jedem Moment meines Seins.

Das musste ich verarbeiten. Dann sprach ich etwas aus, was die Gruppe in der Pause nach der Aufstellung zu unglaublichen Diskussionen verleitete, und was keiner von uns so recht erfassen konnte.

„Ralf, ich weiß, was ich jetzt sage, klingt schräg. Ich habe Simon als ein Kruzifix eingeklopft, was der 4. Ahn als Hochzeitsgeschenk erhalten hat. Dieses Kreuz weist auf der Rückseite ein Kürzel auf, das in das Holz geschnitzt ist: Nämlich IB. Es wurde der Braut damals von ihrem Onkel, einem Mönch, geschenkt. In diesem Kloster wurde das Kreuz auch geschnitzt. Es ist seltsam, aber es fühlt sich an, als wäre es energetisch besprochen worden und würde die Lebensfreude zugunsten der Religion regelrecht ersticken."

Ralf sah mich einen Moment fassungslos an. Mir war ja selbst bewusst, wie schräg sich das anhörte und wie unglaubwürdig.

Ich sehe schon dein Gesicht vor mir, liebe Leserin, lieber Leser, wie du dir überlegst, das Buch jetzt endgültig in die Tonne zu kloppen. Kann ich gut verstehen, mir ging in diesem Moment ja Ähnliches durch den Kopf, und deshalb traute ich mich kaum, es anzusprechen.

Ralf bat mich, einen kleinen Moment zu warten. Er ging zum Rucksack, holte sein Handy raus und wählte eine Nummer.

„Kannst du bitte ein Foto von der Rückseite des Kruzifixes in der alten Wohnstube bei der Oma machen und mir das Bild sofort per WhatsApp schicken?", hörten wir ihn sagen. Ich glaube, wir hielten im Raum alle den Atem an, bis das Handy piepte. Ralf öffnete das Bild, sah mich an, nickte und ließ mich auf das Handy schauen: IB stand auf der Rückseite. Es herrschte für einen Moment Stille, und dann brach es aus uns allen heraus.

In der Gruppe waren einige Menschen, die ebenfalls schon lange medial arbeiteten, doch keiner von uns hatte für das eben Erlebte eine vernünftige Erklärung.

Ralf erzählte uns, dass außer seiner Oma sich keiner gerne in der Wohnstube von ihr aufhielt. Der Raum wirkte auf alle abschreckend, aber keiner hatte eine Erklärung dafür. Sogar Missy, die Hündin auf dem Hof, war nicht zu bewegen, in dieses Zimmer zu gehen. Die Familie hatte sich das immer so erklärt, dass wahrscheinlich in diesem Raum vor Urzeiten ein Suizid oder Ähnliches stattgefunden hatte. Der Hof hatte ja schon viele Generationen kommen und gehen gesehen, und trotz vieler Umbauten war der alte Teil des Hofes, in dem die Großmutter lebte, noch erhalten.

Es ist wie so oft, man kann nicht glauben, dass Menschen Gegenständen eine solche Macht geben können. Gerade wir in der heutigen Zeit, die wir so wissenschaftlich orientiert sind, können mit solchem Gedankengut kaum etwas anfangen.

Bei der nächsten Ahnenaufstellung erzählte Ralf dann, was sich weiter zugetragen hatte:

„Ich habe das Kruzifix abgehängt und wollte es im alten Stall aufhängen, damit es im Haus keinen Schaden mehr anrichtet, da der alte Stall heute lediglich als Lager dient. Die Großmutter hat sich darüber fürchterlich aufgeregt, und ich habe mich im Gegenzug nicht getraut, ihr die Geschichte zu erzählen, da ich sie nicht aufregen wollte."

Wir hatten tatsächlich bei der Ahnenaufstellung vergessen, zu überlegen, wie man die Energie des Kruzifixes wegnehmen könnte.

Ralf grübelte lange und ging dann zum Profi am Ort: dem Pfarrer!

Also erzählte er diesem die Geschichte. Dieser reagierte gar nicht geschockt, sondern empfahl ihm, das Kruzifix mit Weihrauch auszuräuchern und anschließend mit Weihwasser zu besprühen.

Ralf machte das heimlich, als die Oma, du ahnst es sicher, in der Kirche war.

Übrigens ist die Energie im Raum jetzt viel leichter. Missy, der Hofhund, musste den Test machen. Um die Antwort vorwegzunehmen: Missy geht wieder in den Raum, als ob nichts gewesen wäre.

Die Geschichte ist wohl bisher die verrückteste der ganzen Ahnenaufstellungen, da sie mit keiner Logik der Welt wirklich zu erklären ist. Meine Bewunderung gilt dem Pfarrer, der Ralf so selbstverständlich mit Rat und Tat zur Seite stand. Ich überlasse es nun dir, darüber nachzudenken und dir deine eigene Meinung zu bilden.

Das war im Übrigen das zweite Mal, dass in Ahnenaufstellungen ein Gegenstand eine Rolle gespielt hat. Sachen gibt's, die dürfte es eigentlich gar nicht geben.

Wie du selbst für dich aufstellen kannst

Du kannst mit Gegenständen auch selbst ein wenig in deine eigene Ahnenreihe hineinschauen.

Meine Freundin Birgit und ich sind wahre Weltmeister, beim Essen im Restaurant mal eben so Gegenstände als Personen einzuklopfen und sie dann über den Tisch wandern zu lassen und verschiedene Situationen aufzustellen. Immer sehr zum Erstaunen der Leute um uns herum, doch wir lassen uns nicht beirren. Auch wenn dann schon mal zusätzlich der Lippenstift aus der Handtasche kommt, das Päckchen Tempo mal eben genauso herhalten muss wie der Salzstreuer auf dem Tisch. Das geht natürlich mit den sogenannten Aufstellungsbrettern erheblich leichter. Aber wer hat denn so etwas schon in seiner Handtasche? Noch nicht mal ich, und ich habe keine kleinen Exemplare, die ich mit mir herumschleppe.

Aber für den Anfang rate ich dir, es geordneter angehen zu lassen. Ich weiß auch nicht, wie weit deine Medialität geschult ist. Deshalb möchte ich dich mit dieser Übung ganz behutsam dahin führen, Zugang zum Aufstellen der Ahnenreihe zu bekommen.

Bitte sammle in der Natur sieben Kieselsteine und beschrifte sie mit den Zahlen von 1-7. Das geht natürlich am besten mit einem wasserfesten Stift. Dann entscheidest du bitte, ob du dich jetzt mit deiner männlichen oder deiner weiblichen Ahnenreihe befassen möchtest. Entscheidung getroffen?

Dann nimmst du den ersten Stein mit der Zahl 1 zwischen deine Hände und sagst laut: Du stehst für den ersten männlichen/weiblichen Ahn in der Ahnenreihe.

Warte einen Moment, lege diesen Stein dann ab und nimm den mit der Zahl 2 zwischen deine Hände und sage wieder laut: Du stehst für den zweiten männlichen/weiblichen Ahn in der Ahnenreihe. So fährst du fort, bis du alle 7 Steine auf diese Art und Weise als Stellvertreter bestimmt hast.

Jetzt legst du alle Steine vor dir auf den Tisch und bittest deine Hirnfrequenz, sich auf 7 Hertz zu setzen (Theta-Zustand). Warte bitte einen Moment, bis das Hirn die Frequenz umgesetzt hat.

Jetzt konzentrierst du dich auf die Steine, die als Stellvertreter in deiner Ahnenreihe stehen. Zu welchen Nummern fühlst du einen Bezug? Welche Steine sprechen dich an, wenn du sie betrachtest? Achte ganz gelassen darauf, was in dir hochsteigt, wenn du die Steine betrachtest. Wichtig ist, dass du dir noch einmal Folgendes ins Bewusstsein rufst: Hier liegen nicht nur irgendwelche Steine, sondern Stellvertreter für deine Ahnenreihe. Notiere bitte genau, zu welchen Nummern du einen Bezug fühlst, und zu welchen Nummern nicht.

Jetzt legst du die Steine ohne Bezug für den Moment an die Seite. Die Stellvertreter, bei denen du etwas gespürt hast, nimmst du nacheinander in die Hand und notierst zu jedem Stein, welche Gefühle in dir aufsteigen. Nimm dir dafür bitte entsprechend Zeit. Manchmal dauert es etwas länger, bis man sein Gefühl benennen kann. Schreibe hier deine Emotionen bitte sehr sorgfältig mit.

Das Gleiche machst du jetzt bitte mit den Steinen, zu denen du keinen Bezug empfunden hast. Was steigt hier in dir hoch?

Mit dieser kleinen Übung verschaffst du dir schon mal einen ersten Überblick über den Bezug und die damit verbundenen Emotionen. Das ist für den Anfang mehr als genug. Du kannst sie jetzt gerne noch für die andere Ahnenreihe, die du noch nicht hast, wiederholen. Wenn du die weibliche Ahnenreihe ausprobiert hast, machst du das Gleiche jetzt für die männliche Ahnenreihe und umgekehrt. Wichtig ist nur, dass du die Steine einzeln neu auf die andere Ahnenreihe einsprichst. Auch wenn es für dich jetzt komisch klingt: Bitte bedanke dich, wenn du fertig bist, sowohl bei deinen Ahnen als auch bei den Steinen, dass sie als Stellvertreter gedient haben.

Viel Freude beim Ausprobieren!

Die nächste Übung, wenn du selbst aufstellen möchtest:

Bitte lass nach der vorherigen Übung mindestens einen Tag Abstand, bis du die nächste angehst. Gib deinen Emotionen Zeit und auch deinem Verstand, sich an alles zu gewöhnen.

Entscheide dich jetzt wieder für eine Ahnenreihe, mit der du starten möchtest. Männlich oder weiblich? Achte auf deinen ersten Impuls und gib diesem nach. Klopfe die Steine genau wie am Vortag einzeln in ihre Rolle ein und lege sie scheinbar wahllos auf den Tisch. Jetzt nimmst du irgendeinen Gegenstand, der in deiner Nähe liegt, und klopfst ihn als dich selbst ein, indem du dreimal sachte darauf klopfst und sagst: „Du stehst jetzt für mich."

Jetzt bittest du deine Hirnfrequenz, sich auf 7 Hertz zu setzen (Theta-Zustand). Warte bitte einen Moment, bis das Hirn die Frequenz umgesetzt hat. Dann stellst du den Gegenstand, der für dich steht, ebenfalls dazu. Jetzt lässt du dich von deinen Emotionen leiten und stellst die Steine so um deinen Stellvertreter herum, dass es sich für dich stimmig und gut anfühlt. Was für ein Bild ergibt sich?

Stell dir jetzt vor, wie zwischen den Ahnen das Ahnenband verläuft. Sind alle Ahnen in diese Verknüpfung eingeschlossen? Liegt jemand abseits? Du kannst auch gerne das Band durch einen Faden darstellen, wenn du dir das Band nicht vorstellen kannst, und real zwischen die einzelnen Steine legen, bis es am Ende bei dir ankommt. Sollte jemand im Abseits liegen, nimm diesen Stein in die Hand und frage dabei:

„Warum kannst du deinen Platz nicht einnehmen?"

Achte auf das erste Gefühl, das dabei als Antwort in dir hochsteigt. Notiere es dir und spüre nach. Was macht das mit dir, was löst es tatsächlich aus?

Mit ein wenig Übung schärfst du so deine Intuition für deine Ahnenreihe. Du kannst jetzt in Gedanken den Stein fragen, was er braucht, um seinen Platz in der Reihe wieder anzunehmen. Auch diese Antwort solltest du dir notieren. Wichtig ist, dass du ganz entspannt und ohne jeden Druck an diese Thematik herangehst.

Mit der Zeit werden dir auch andere Themen oder Fragen einfallen, die du auf diese Art bearbeiten möchtest. Ich halte dieses für ein wunderbares Mittel, um ein wirkliches Gefühl für deine Ahnenreihe aufzubauen.

Natürlich fragt man sich gerade am Anfang oft, ob man sich das einbildet. Du kannst ja meinen Erzählungen aus der Praxis entnehmen, dass es mir heute oft noch so geht. Hier helfen wirklich nur Training und Übung, und die Hirnfrequenz entsprechend runterzusetzen, was solche Übungen erheblich leichter macht. Keine Angst, du musst nicht die Hirnfrequenz danach wieder hochsetzen. Das Hirn übernimmt diese Aufgabe für dich von ganz alleine.

Der Spiritualität Flügel verleihen

Als Joshi zu mir in die Einzelsitzung kam, ließ er mir keine Chance, mich einzuspüren und die Geistige Welt zu befragen, was sein Thema sei. „Silke, ich mache schon so lange Heilarbeit, doch sobald ich tiefer in die Medialität einsteigen möchte, habe ich das Gefühl, von einer Verstorbenen regelrecht in Watte gepackt zu werden, und bin ab diesem Moment riesig blockiert."

Da sprach Joshi ein heikles Thema an.

Ich vertrete nach wie vor die Auffassung der englischen Spirit Schule, dass Verstorbene uns Menschen gar nichts anhaben können. Anders sieht es für mich bei den entsprechenden Emotionen und Traumata aus, die als Energie in unserem Ahnenfeld stehen. Wir sind nun mal Teil des Energiefelds unserer Ahnen, tragen ihre Erlebnisse wie einen energetischen Schwamm mit uns herum. Aber das ist eine ganz andere Seite, ein ganz anderer Ansatz als der, dass Verstorbene uns wirklich aus dem Jenseits heraus beeinflussen können.

Mir ist es unendlich wichtig, diesen Unterschied hier an dieser Stelle nochmals deutlich zu machen. Energie ist etwas völlig anderes und fern von unseren Hokuspokus-Vorstellungen, die uns vielleicht irgendwelche Kinofilme weismachen möchten. Bis heute habe ich festgestellt, dass viele Menschen diesen Unterschied einfach nicht verstehen, und ich hoffe, mit diesen Zeilen zu einem besseren Verständnis beitragen zu können. Mach dir nochmals klar – wenn du mir keinen Glauben schenken magst –, dass es zu meiner Aussage wissenschaftliche Gen-Untersuchen gibt, die das belegen. Vielleicht nimmt dir das auch ein Stück weit die Angst vor diesem Thema.

Genau das, was ich dir hier ausführlich erklärt habe, habe ich an dieser Stelle auch Joshi gesagt. Joshis Gesicht wurde immer länger, und er fragte mich völlig entsetzt, ob er sich das denn alles einbilde.

Jetzt musste ich schmunzeln, verstand ich Joshi doch sehr genau. Wäre die Situation umgekehrt gewesen, hätte ich dasselbe gefragt und wahrscheinlich auch das Elementare übersehen. Ich hatte lediglich darauf hingewiesen, dass die Verstorbenen es nicht vermögen, die Energie Joshis vor der Spiritualität zu schützen. So etwas könnte aber tatsächlich im energetischen Ahnenfeld liegen.

Ich weiß, für Leute außerhalb dieser Materie ist diese Theorie sehr gewöhnungsbedürftig, doch je länger man sich damit befasst, desto klarer wird sie.

Ich bat Joshi, sich hinzustellen und mal kurz seinen Geistführer in sein Energiefeld einzuladen. An dieser Stelle war es mir wichtig, nur einen kurzen Blick auf die Aura von Joshi zu werfen, während er bewusst seinen medialen Kanal öffnete. Auf den ersten Blick konnte ich keinerlei Veränderung in der Aura sehen. „Wie fühlst du dich? Bist du wieder in Watte gepackt?" Joshi verneinte, das hatte ich eigentlich auch erwartet, nachdem ich in seiner Aura nichts Ungewöhnliches hatte finden können.

Aber: Seltsamerweise zeigte sich auch kein Verstorbener, und erst recht keine Verstorbene. Ich fragte die Geistige Welt, und es gab eine Durchsage von Erzengel Michael für ihn, die sehr privat ist und die ich hier an dieser Stelle nicht wiederholen kann. Fakt ist, dass Joshi Tränen die Wangen hinunterliefen, die Botschaft hatte ihn zutiefst berührt und ihn dort in seinem Privatleben abgeholt, wo er es gerade gebraucht hatte.

Als ich die Augen nach dem Channeling wieder öffnete, sah ich eine Frau, die verstorben war, neben Joshi stehen und wusste sogleich, was er mit dem Begriff in „Watte gepackt" meinte. Seine Aura war bedeutend kleiner, wirkte zusammengezogen im Gegensatz zu der Betrachtungsweise zuvor.

„Joshi, steh jetzt einfach auf und stampf zwei-, dreimal kräftig mit dem Fuß auf, bitte." Joshi sprang regelrecht auf die Beine, tat es, und wie von Zauberhand sah seine Aura wieder normal aus. Wenn es an dieser Stelle nicht so ernst gewesen wäre, hätte ich lachen müssen. Joshis feixender Gesichtsausdruck war göttlich. Ich wusste, dass er sich regelrecht freute, mir bewiesen zu haben, dass da etwas ungewöhnlich war. Aber für ihn war auch spannend zu erleben, wie schnell sein Energiefeld wieder frei von dieser „Watte" war. Fest mit dem Fuß aufzustampfen reinigt übrigens auch grundsätzlich das Energiefeld.

Die Verstorbene stand noch immer relativ regungslos neben Joshi. Sie zeigte sich in Kleidung, die wohl um das 19. Jahrhundert herum getragen wurde: ein weißes Kleid im Empire Stil, die Haare unter einer Perücke versteckt.

Ich sprach sie telepathisch an, wollte wissen, wer sie denn sei. Sie zeigte sich sofort in der 6. Ahnenreihe, machte aber deutlich, dass sie zur männlichen Seite von Joshi gehörte. Ich berichtete Joshi, was ich wahrnehmen konnte. Und jetzt geschah etwas Unglaubliches. Es war, als ob alle Schleier von Joshi fielen, denn das erste Mal konnte auch er eine Verstorbene sehen. Er nahm seine Ahnfrau mit allen Facetten wahr. Wenn man zu ersten Mal Bilder aus der Geistigen Welt empfängt, ist das ein magischer Moment. Joshi freute sich wie ein Schneekönig und konnte gar nicht fassen, was da gerade passierte.

„Kneif mich, kneif mich", jubelte er immer wieder. Ich freute mich mit ihm, fragte mich aber gleichzeitig, was da geschah. Erst legte die Ahnfrau Joshi regelrecht medial lahm, indem sie ihr Energiefeld quasi über seins stülpte, und dann machte sie das Energiefeld auf, und er empfing Bilder. Wie passte das zusammen? Irgendwie war mir das suspekt, das nötige Hintergrundwissen fehlte.

Ich habe mich ja schon daran gewöhnt, dass die Geistige Welt mir hin und wieder solche „Wundertüten" präsentiert und Erklärungen erst mit einer riesigen Verspätung (wenn überhaupt) bei mir eintreffen. Aber das, was hier gerade passierte, war für mich mehr als unfassbar. Ich stand wie ein staunendes Kind daneben und fragte mich, wie das alles sein konnte. Die Gedanken in meinem Kopf rasten. Konnten unsere Ahnen unsere Medialität blockieren? Das widersprach allem, was ich vermittelte, allem, woran ich glaube.

Toularion, mein Geistführer, machte sich dicht bei mir bemerkbar und bat mich, genau hinzuhören und, vor allem, hinzusehen. Die Ahnfrau zeigte uns, nicht nur mir, sondern auch Joshi, ganz deutlich ihre Geschichte. Sie hatte in Ungarn gelebt und das Zweite Gesicht gehabt. Sie konnte damals wohl in die Zukunft sehen und folgte damit einer alten Familientradition.

Doch eines Tages, kurz nach ihrer Heirat mit dem männlichen Ahn aus Joshis Vorfahren, wurde ein Herrscher auf sie und ihr Können aufmerksam. Er fragte sie immer öfter um Rat. Irgendwann, als sie frisch Mutter war, sagte sie ihm den Untergang seines Geschlechts voraus. Darauf ließ er sie einkerkern und verhungern. Sie sah weder ihren Mann noch ihr Baby jemals wieder. Noch im Kerker hatte sie beschlossen, das „Sehen" in dieser Ahnenreihe zu verschließen, damit ihr Kind und seine

Nachkommen mit dem zweiten Gesicht nicht mehr in Berührung kommen würden. Sie leistete einen Eid, ihre Nachkommen davor zu bewahren, und legte bewusst einen energetischen „Schleier der Blindheit" über diese Ahnenreihe.

Joshi und ich schwiegen einen Moment. Ich wollte dann beginnen, es für ihn zu übermitteln. Doch es stellte sich heraus, dass das völlig unnötig war. Joshi hatte genau das Gleiche verstanden wie ich. Verstanden? Hatten wir das wirklich? Wir hatten es zwar gehört, aber nicht wirklich verstanden. Wie konnte so etwas funktionieren und sechs Generationen später noch aktiv sein?

Die Ahnfrau gab uns zu verstehen, dass sie von sich aus die Blockade auflösen würde, da sie nicht mehr notwendig sei.

Interessant war die weitere Entwicklung von Joshi. So klar wie in diesem Moment hat er bisher nie wieder empfangen. Doch er macht medial Fortschritte, und dieses Wattegefühl ist nie wieder aufgetreten.

Aus meiner Ahnenarbeit heraus weiß ich inzwischen, dass die Menschen noch vor 200 Jahren viel intensiver mit Energien gearbeitet haben. Der technische Fortschritt und die Wissenschaft haben uns verlernen lassen, die Zusammenhänge zu sehen. Ich weiß auch nicht, ob so etwas in der heutigen Zeit noch gut und sinnvoll wäre. Aber wenn du das Gefühl hast, dass bei bestimmten Themen ein Schleier über deinen Gefühlen liegt, solltest du näher hinschauen. Selbst wenn du das Thema dahinter nicht erkennst und sich auch nichts zeigt, lohnt es sich, die Ahnenverknüpfungen in deinem Feld zu reinigen, was du mit folgender kleiner Meditation tun kannst.

Meditation zur Reinigung des Netzes der Ahnen

Bitte deine Hirnfrequenz, auf 6,8 Hertz zu gehen, und verfolge für einen Moment deinen Atem. Wenn du möchtest, kannst du jetzt auch deine Augen schließen. Sei dir jetzt bewusst, dass sich deine Welt in diesem Moment ein wenig entschleunigt, und erlaube dir, es zu genießen. Sage dir bewusst, dass du all deinen Alltagssorgen jetzt die kalte Schulter zeigst.

Kommt genau jetzt, in diesem Moment, Schwere aus dem Alltag hoch? Dann zeige der Thematik einfach bewusst die kalte Schulter, indem du eine entsprechende Schulterbewegung machst.

Bitte jetzt deine Hirnfrequenz auf 5,2 Hertz und spüre, wie Ruhe und Müdigkeit sich in dir abwechseln. Lass es ruhig zu. Vor deinem inneren Auge siehst du jetzt ein riesiges Fischernetz mit zahlreichen Knoten. Jeder Knoten steht für eine schwere Thematik in deinem Ahnenfeld, und du weißt, dass du eng mit diesem Netz verbunden bist.

Flute jetzt dein Fischernetz mit einer goldenen Lichtwelle. Immer dann, wenn die Lichtwelle auf einen Knoten trifft, wird das Licht für einen Moment heller, und dann siehst du regelrecht, wie erst eine kleine, schwere Energiekugel aus dem Knoten schwebt und dann der Knoten gelöst wird. Wenn alle Knoten auf diesem Weg gelöst sind und dein ganzes Netz golden schimmert, stülpst du dir in Gedanken das Netz von oben über deinen Körper. Heiße das gereinigte Netz deiner Ahnen willkommen und empfange die ganze Kraft aus diesem Netz. Du kannst fühlen, dass dieses gereinigte Netz eine Energietankstelle ist, die jetzt deinen Akku bewusst wieder auflädt.

Bleibe einen Moment in dieser Energie sitzen, setze dann deine Hirnfrequenz zurück auf 8 Hertz und komme in deinem Tempo in das Hier und Jetzt zurück.

Missbrauch

Manchmal kann man dieses heiße Thema kaum umgehen. Missbrauch zeigt sich in vielen Ahnenaufstellungen. Seltsamerweise ist fast immer die gleiche Reaktion zu beobachten. Kommt in den hinteren Ahnenreihen Missbrauch als Thema hoch, reagiert der Klient, der gerade aufstellt, fast immer gleich: „Oh mein Gott, so weit hinten liegt das schon in der Ahnenreihe? Mir ging es als Kind ganz genauso."

Da sieht man, wie die Gruppe an solch einem Wochenende zusammenwächst. Man verliert vollkommen die Scheu davor, sein Innerstes nach außen zu kehren, da man sich in der Gruppe beschützt und geborgen fühlt.

Für mich ist das immer ein schwieriger Moment. Ich glaube, dass ich beim Thema Missbrauch immer solch einen Hinweis vom Klienten bekomme, da die Geistige Welt weiß, dass ich das Thema sonst am Ende der Ahnenreihe (beim Klienten) meistens nicht ansprechen würde. Warum? Ich finde dieses Thema zu persönlich, zu intim, und wenn solch ein Hinweis vom Klienten nicht fällt, verliere ich darüber kein Wort, selbst wenn ich mir sicher bin, dass ein Missbrauch vorliegt.

Eine Klientin von mir wurde in ihrer Kindheit mehrfach von ihrem Großvater missbraucht, ihr älterer Bruder übrigens auch. Meine Klientin glaubt bis heute, dass es ihre Mutter in der Kindheit genauso ergangen ist und versteht noch weniger, warum ihre Mutter nicht verhindert hat, dass der Großvater sich an ihr und ihrem Bruder verging. Sie kannte seine Neigung, hatte sie am eigenen Körper gespürt und trotzdem ihre Kinder nicht beschützt.

Als Erwachsene hat meine Klientin ihre Mutter darauf angesprochen, aber diese hat alles abgestritten und sich von ihr abgewandt. Das war ein zusätzlicher Schlag. Meine Klientin arbeitet bis heute hart an sich, um sowohl den erlebten Missbrauch als auch das Gefühl, von der eigenen Mutter verraten und verkauft worden zu sein, zu verarbeiten. Spannend ist, wie beide Kinder als Erwachsene damit umgegangen sind. Meine Klientin ging in die Offensive, besuchte eine Verhaltenstherapie und versuchte, Wut, Zorn und Ohnmacht zu verarbeiten. Auch wenn es für ihre Mutter unbequem war und meine Klientin in ihrer Familie durch ihr Nachfragen ins Abseits geriet, bleibt sie immer am Ball. Sie spürt, dass das ihr Schlüssel ist, um in einer Partnerschaft wirklich anzukommen.

Ihr Bruder macht bis heute das pure Gegenteil, er verdrängt. Auch will er von Gesprächen mit seiner Schwester nichts wissen. Er kommt prima mit der Mutter aus, wird auch heute noch verwöhnt und finanziell ständig unterstützt. Im Umkehrschluss wird seine Alkoholsucht vollkommen ignoriert und innerhalb der Familie totgeschwiegen. Das Schweigen und das Erlebte unter den Tisch fallen zu lassen, zogen sich hier auch genauso wie das Thema Missbrauch durch die Ahnenreihe.

Wenn sich Missbrauch zeigt, ist die Auflösung immer schwierig.

Den Ansatz von Bert Hellinger, den „Urvater des Familienstellens", kann ich nicht teilen. Er vertritt die Meinung dass es hier keinen wirklichen Täter gibt. Zitat von Bert Hellinger: „Den Tätern, seien es Väter, Großväter, Onkel oder Stiefväter, wurde etwas vorenthalten, oder es wird etwas nicht gewürdigt, und der Inzest ist dann ein Versuch, dieses Gefälle auszugleichen."

(Quelle: Hellinger B. in: Weber, G. Hg 1998. Zweierlei Glück: Die systematische Psychotherapie Bert Hellingers. 11. Auflage Heidelberg: Carl-Auer-Systeme Verlag, S. 89)

Hier bin ich grundsätzlich anderer Meinung. Ich versuche auch nicht, auf Biegen und Brechen eine Versöhnung herzustellen. Es ist wichtig, den Opfern ihre Schuldgefühle zu nehmen und die verlorenen Seelenanteile zurückzuholen. Meistens stelle ich auch ihre Kindheit oder ihr Inneres Kind dazu und versuche, so viel Heilarbeit wie möglich zu leisten. Ich glaube, dass wir von außen extrem behutsam mit solch einem sensiblen Thema umgehen müssen, und es ist unglaublich wichtig, dass das Opfer sich in der Aufstellung wertgeschätzt und geborgen fühlt. Nicht nur der Täter ist hier an dieser Stelle ein großes Thema, sondern auch die Tatsache, von der Mutter im Stich gelassen worden zu sein. Jeder, der in seinen Beratungen auf dieses Thema stößt, weiß, wovon ich rede. Und es ist wichtig, diese Energie in der Ahnenreihe zu unterbinden, damit sich der Missbrauch nicht fortsetzt.

Solltest du selbst solche Dinge aufstellen, habe ich an dieser Stelle einen Tipp für dich:

Lass deinen Klienten ein klares Stopp an den Täter setzen. Zum einen durch die Körperhaltung: Arm ausstrecken, Handfläche nach oben halten und laut rufen lassen:

„Stopp, mit mir nicht mehr – ich stehe dir nicht mehr zur Verfügung."

Ich lasse an jeder Stelle in der Ahnenaufstellung das Opfer diese Aktion gegenüber dem Täter ausführen. Als Ergebnis ändert sich unverzüglich die Energie, die durch die Ahnenreihe geht, und es wird bedeutend einfacher, je weiter es in der Reihe nach vorne geht.

Weiterhin ist es immens wichtig, an dieser Stelle durch energetische Arbeit den Kreislauf zu unterbrechen. Dafür gibt es unterschiedliche Methoden. Ich arbeite hier oft mit den Transformationsenergien und löse die energetischen Verstrickungen durch bewusstes Trennen ab. Aber auch andere Methoden, die dir vertraut sind, kannst du anwenden. Wichtig ist, unbedingt daran zu denken!

Und was rate ich dir als Betroffene/Betroffener?

Solltest du dir überlegen, an einer Aufstellung zu diesem Thema teilzunehmen oder an einer Ahnenaufstellung, frage bitte nach, wie derjenige mit solch einem Thema umgeht, und schau dir die Arbeitsweise genau an, indem du an einer Aufstellung als Zuschauer bzw. Stellvertreter teilnimmst. Dabei bekommst du schnell ein Gefühl, ob dich die Arbeitsweise anspricht, und ob auch energetisch aufgelöst wird.

Ich kann aber auch alle verstehen, die, wenn sie mit solch einem gravierenden Thema zu tun haben, eine Aufstellung grundsätzlich ablehnen. Hier mach dir bitte Folgendes bewusst: Niemand kennt dich so gut wie du dich selbst. Niemand anderes auf dieser Welt trägt deine Schuhe, also hör auf dich! Du bist dein bester Ratgeber, wenn es darum geht, Wege für dich zu finden.

Leider ist Missbrauch weiter verbreitet, als ich es mir bisher vorstellen konnte. Kein Medium, kein Heiler auf dieser Welt hat einen Zauberstab, den er schwenkt, und dann ist alles geheilt. Auch das sollte dir bewusst sein. Es ist wichtig, dass du dir klar machst: Verdrängung ist Schutz für die Seele.

Fühlst du dich stark genug, deinen Kokon aufzubrechen? Höre tief in dich hinein, auch ein Nein solltest du an dieser Stelle akzeptieren. Am besten, ohne dich zu bewerten. Die Erfahrung hat mich gelehrt, dass bei 95% aller familiären Missbrauchsfälle der Täter selbst einst ein Opfer war. Das zieht sich erschreckenderweise wie ein roter Faden durch die Ahnenreihe. Deshalb halte ich es für so wichtig, dass du nicht nur deinen eigenen Heilungsprozess durch Therapie oder Ähnliches in Gang bringst, sondern dich auch mit der Ahnenreihe befasst. Du musst hierzu gar nicht wissen, ob dein Peiniger ein Missbrauchsopfer war oder wo genau in der Ahnenreihe überall Missbrauch stattgefunden hat.

Hierzu eine Übung

1. Schritt

Nimm dir einen ruhigen Moment und setz dich hin. Stell dir folgende Fragen:

- *Ist jetzt der richtige Zeitpunkt, um diesen Kreislauf in der Ahnenreihe zu durchbrechen?*
- *Kann ich für einen Moment meine Erlebnisse zur Seite nehmen und mich auf die Ahnenreihe konzentrieren?*
- *Bin ich bereit, meine Ahnenreihe mit all ihren Schwächen als die meine anzuerkennen und, vor allem: anzunehmen?*
- *Will ich, dass meine Lebensenergie durch diese Schwere aus dem Ahnenfeld weiter abgezogen wird?*
- *Schreit es in mir nach Veränderung?*
- *Bin ich bereit, meiner Ahnenreihe kollektiv zu verstehen zu geben, dass sie ein Teil von mir ausmacht, mich prägt?*

- *Kann ich der kompletten Ahnenreihe vergeben, auch wenn ein Teil davon mein Peiniger war?*
- *Was löst die letzte Frage in mir aus? Beobachte deine Emotionen, ohne dich selbst dafür zu kritisieren.*
- *Wo in dir kannst du den körperlichen Widerstand spüren, wenn du den Ahnen komplett vergeben sollst?*
- *Bist du bereit, diesen körperlichen Widerstand durch deine Atmung aus deinem Körper herausfließen zu lassen? Versuche es bitte!*
- *Kannst du dem Kollektiv der Ahnenreihe jetzt komplett vergeben?*
- *Was kommt in dir hoch, wenn du mit diesem Satz konfrontiert wirst?*

Spiele die Fragen ruhig des Öfteren mit mehreren Tagen Abstand im Kopf durch. Du wirst merken, es wird leichter, die Ahnenreihe anzunehmen. Das Annehmen ist der Schritt, um diese Energie aus dem Feld zu lösen.

Bei diesen Fragen solltest du dich und deine Emotionen beobachten. Dabei wirst du feststellen, dass dein Unbehagen mit der Zeit abnimmt. Wenn du merkst, dass die Fragen nicht mehr deine Gefühlsachterbahn triggern, sondern du sie dir ruhig stellen und beantworten kannst, bist du auf einem guten Weg. Allerdings: Das kann dauern, es ist kein Prozess, der von heute auf morgen abläuft, aber du schaffst es!

Wenn du mit den Fragen gut umgehen kannst, ist es Zeit für den nächsten Schritt.

2.Schritt

Lade jetzt im Kopf alle Ahnen dieser Ahnenreihe ein und bitte sie, mit dir zusammen einen energetischen Ring zu bilden (so eine Art Stuhlkreis). Auch wenn du dir darunter nichts vorstellen kannst, Energie folgt der Aufmerksamkeit.

Frage dich jetzt, wo du die kollektive Missbrauchsenergie der Ahnenreihe energetisch spürst. Nimm im Kopf eine goldene Schere und stell dir vor, wie du all diese Anhaftungen abschneidest und in die Mitte wirfst. Bitte jetzt all deine Ahnen, das Gleiche zu tun. Wenn du das Gefühl hast, alles ist von diesen Energiefäden befreit und diese liegen komplett in der Mitte, bittest du die universelle Transformationsenergie, dieses Paket zu transformieren. Dann bittest du dein energetisches Ahnennetz, sich frei von dieser Energie neu auszurichten und zum Wohl der höchsten Matrix zu festigen.

Diese Übung ersetzt nicht deinen persönlichen Prozess, der bearbeitet werden muss, aber er löst das Paket aus eurem gemeinsamen Energiefeld.

Hier schließt sich ein Kreis *oder*
Da beißt sich der Hund in den Schwanz

Wie bereits mehrfach erwähnt, tragen wir in unserem Energiefeld auch ein Feld für unsere Ahnen mit. Ein Schlüssel für die Lösung der Schwere heißt Verzeihen, oder Vergeben. Beides sagt sich so leicht.

Werfen wir mal einen Blick darauf, wie energetische Wellen funktionieren.

Stellen wir uns einmal eine junge Frau namens Katie vor. Katies Eltern waren beide Alkoholiker und haben sich nicht wirklich um ihr Kind gekümmert, geschweige denn ihm Liebe gegeben. Als Katie 18 Jahre alt wird, bricht sie den Kontakt zu ihren Eltern ab, flieht regelrecht aus dem Elternhaus.

Was passiert in der Regel? Das Thema ist nicht aufgearbeitet und wird sich ziemlich schnell in ihrem Umfeld wiederfinden. Die Wahrscheinlichkeit, in so einem Fall an einen alkoholkranken Partner zu kommen oder gar an einen Partner, der keinerlei Liebe zu geben hat, ist ziemlich hoch. Wir können zwar Menschen aus unserem Umfeld streichen, aber damit ist das energetische Thema dahinter nicht gestrichen.

Ich neige ja auch zu radikalen Schlussstrichen, wenn ich verletzt bin. Lange habe ich mich gefragt, woher das kommt, dass ich so extrem bin. Ich bin mir dieser Schwäche sehr bewusst, zumal auch ich damit ja nicht wirklich ein Problem löse, sondern es mir durch eine andere Person gerade wieder neu in mein Leben ziehe. Es hat gedauert, bis ich diese Wellenenergie in der Ahnenreihe begriffen habe.

Mein Vater hat 17 Geschwister, fünf davon waren Totgeburten. Er ist das 15. Kind. Als er sehr klein war, starb sein Vater, der diese Familie in Liebe zusammengehalten hatte. Meine Oma, die Mutter meines Vaters, habe ich in meinem Leben zweimal gesehen, da mein Vater nach dem Tod seines Vaters keine schöne Kindheit mehr und der neue Mann meiner Oma die Kinder auch misshandelt hatte. Mein Vater hat mit seiner Mutter sehr früh gebrochen und sich auch die ganzen Jahre bis zu ihrem Tod von ihr ferngehalten. Radikaler Bruch! Das Gleiche passierte nach und nach mit seinen Geschwistern.

Und ich trage genau dieses Paket: Ich bin sehr radikal, wenn mich jemand verletzt. Um das zu verarbeiten, habe ich für mich eine entsprechende Fragetechnik in meinem Kopf entwickelt.

Anhand meines eigenen Beispiels habe ich verstanden, warum uns Themen immer wieder einholen, auch wenn wir uns noch so oft bemühen, vor ihnen davonzulaufen. Je intensiver wir uns von einem Thema abwenden, desto schneller taucht es an anderer Stelle leider wieder auf.

Verzeihen ist wirklich wichtig, und oft reicht es aus, wenn wir inneren Frieden mit den Menschen schließen können, die uns auf Seelenebene Narben zugefügt haben.

Wenn du deiner Mutter den Vorwurf machst, dass du dich als Kind nie geliebt gefühlt hast, frage dich, ob du dir schon mal angeschaut hast, was sie als Kind von ihrer Mutter an Liebe bekommen hat.

Der ewige Kreislauf plätschert so lange dahin, bis einer den Mut hat, auszusteigen und dieses Karussell anzuhalten. Ich habe mir schon oft überlegt, ob es andere Wege als Vergebung gibt, um endgültig auszusteigen. Aber bis jetzt habe ich keinen gefunden.

Fragetechnik zum Verzeihen

- Kann ich mich in Gedanken der Person, die mich verletzt hat, gegenüberstellen?
- Kann ich ihr in die Augen sehen?
- Ist diese Begegnung selbst auf gedanklicher Ebene für mich schmerzhaft?
- Warum kann ich dieser Person nicht verzeihen?
- Konnte mich diese Person verletzen, weil ich eine emotionale Bindung an sie habe?
- Kann ich mir diese emotionale Bindung eingestehen?
- Kann ich mir die positive Bindung der Ursprungsenergie zwischen mir und dieser Person noch ins Gedächtnis rufen?
- Kann ich aufgrund dieser emotionalen, positiven Bindung verzeihen?
- Kann ich meine Verletzungen dahinter als mein Thema und nicht das Thema meines Gegenübers annehmen?
- Kann ich mir das bewusst machen?
- Kann ich jetzt verzeihen?
- Kann ich der Person in Gedanken sagen, dass ich sie liebe? Oder wenigstens, dass ich sie mag?

Das funktioniert übrigens auch ganz prima mit dem Elternthema. Immer wenn du das Gefühl hast, etwas nicht verzeihen zu können, kannst du mit diesen Fragen an dich selbst einen riesigen emotionalen Prozess in Gang bringen. Und ich glaube, dass dies gerade im Umgang mit unseren Eltern und Großeltern eine wichtige Übung ist, um eine Heilung im Ahnenfeld zu bewirken. Für mich ist das ein großartiger Schlüssel, um Unausgesprochenes nicht mehr als Ballast mit mir herumtragen zu müssen. Ich kann hier innerlich und energetisch Frieden mit dieser Person schließen und mir dann überlegen, ob ich ihr auch im realen Leben die Hand reiche. Ich glaube, wenn wir mit jemandem brechen, dann ist das der sichere Beweis, wie sehr wir diesen Menschen eigentlich lieben. Würden wir keine Gefühle haben, würde es uns emotional nicht belasten.

In der medialen Ahnenaufstellung lasse ich immer die Liebe in Form eines Herzens weiterreichen. Ich beginne damit, dass ich den Aufstellenden die Liebe der Ahnenreihe zu seinem 7. Ahn bringen lasse. Ziel der Aufstellung ist es, die Liebe von Generation zu Generation weiterzugeben, und alles, was dem entgegensteht, energetisch aufzuräumen. Ich versuche, jeden Einzelnen in der Ahnenreihe wieder in seine Herzensenergie zu bringen. Das ist mit am Allerwichtigsten. Wenn der Fluss der Liebe in meiner Ahnenreihe reibungslos läuft, kann ich in die Selbstliebe kommen und brauche nicht mehr wie eine Ertrinkende die Liebe im Außen zu suchen.

Sowohl die Gefühle der Liebe spüren und zulassen zu können, und versuchen, energetisch zu vergeben, sind wichtige Schritte, um in unserem Leben anzukommen und unsere Stagnation zu verlassen. Die Krux nur ist, wir tun diese Arbeit nicht nur für uns und unsere Nachkommen, sondern energetisch auch für die, die den Weg vor uns gegangen sind.

Rufen wir uns doch mal ins Gedächtnis: Bei sieben Generationen gehen wir diesen Weg für 128 Ahnen. 128 Schicksale, die uns mit zu dem Menschen machen, der wir sind, den wir verkörpern. Das ist eine ungeheuerliche Zahl. Wenn du dir jetzt vorstellst, wie die Beziehung deiner Eltern zu ihren Eltern war, wieviel Dramen sich hier bereits abgespielt haben, und wenn du dir dann vorstellst, wie oft die gleichen Themen bei 128 Ahnen vertreten sind, wird dir wahrscheinlich bewusst, warum die Forschung auf dem Gebiet der Epigenetik so vorangetrieben wird.

Glasfolerui !!!

Als es sogar mir zu viel wurde

Ich bin in der Vergangenheit oft damit konfrontiert worden, dass in sehr vielen Familien vermehrt Suizid aufgetaucht ist und die Eltern Angst hatten, es könnte sich auf ihre Kinder übertragen.

Als Maren zu mir kam, erzählte sie mir folgende Geschichte:

„Aus Erzählungen weiß ich, dass sich mein Opa im zweiten Weltkrieg in Frankreich erhängt hat. Keiner weiß warum, er hat meiner Omi noch nicht mal einen Abschiedsbrief hinterlassen. Meine Omi hat sich ihr ganzes Leben gefragt, was eigentlich vorgefallen ist. In die Ideologie des damaligen Naziregimes passte der Suizid auch nicht, und so wusste meine Omi auch nie, was eigentlich mit der Leiche passiert war. Eine Beerdigung gab es nicht, meine Omi hat nie Antworten auf ihre Fragen gefunden und konnte sich nicht einmal verabschieden.

Mein Onkel Franz erhängte sich scheinbar grundlos in seinem 42. Lebensjahr. Ein erneuter Schock für die Familie. Wieder kein Abschiedsbrief, keine Erklärung und scheinbar keine spürbaren Anzeichen vorher, dass er des Lebens überdrüssig sei. Eine Woche vor seinem Tod hatte er sich noch einen nagelneuen Mercedes Benz bestellt, den er stolz jedem zeigte.

Aber damit nicht genug. Vor einem Monat hat sich mein Bruder Markus erhängt. Für uns alle wieder aus heiterem Himmel, ohne Erklärung, ohne Abschiedsbrief und ohne ersichtliche Anzeichen vorher. Noch nicht einmal seine Ehefrau hat irgendwelche Anzeichen einer Depression oder Ähnliches wahrgenommen. Sogar noch Tage vor diesem Suizid hatten sie eine gemeinsame Reise nach Peru gebucht, was sein absoluter Herzenswunsch gewesen war.

Finanziell gab es keine Schwierigkeiten, auch sonst war einfach nichts Offensichtliches.

Silke, ich habe zwei Söhne und schreckliche Angst um sie. Was ist bei uns nur los, was läuft da falsch? Ich kann auch nicht um meinen Bruder trauern, ich bin stinkwütend. Bitte, sag mir, dass ich mir keine Sorgen um meine Jungs zu machen brauche. Ich werde noch verrückt vor Angst und beobachte beide mit Argusaugen."

Im ersten Moment konnte ich gar nichts sagen, ich schwieg betroffen. Auch ich bin Mutter und konnte Marens Ängste und Sorgen voll und ganz nachvollziehen.

Noch bevor ich zu einer Antwort ansetzen konnte, stand der Opa von Maren vor mir. Er zeigte sich in Uniform und gab sich deutlich als Opa zu erkennen. An seiner Hand befand sich eine kleine, sehr zarte Frau mit Brille mit goldener Fassung, an deren linker Hand ich viele Narben ausmachen konnte.

Ich beschrieb Maren beide Personen so genau ich konnte. Sie bestätigte mir, dass es sich um ihre Omi handelte. Die Narben stammten von einer Ofenexplosion im Wohnzimmer, als sie eine junge Frau gewesen war, bei der sie sich starke Verbrennungen an der Hand zugezogen hatte. Die Oma sprach kein Wort, dafür aber der Opa.

„Ich habe keinen Selbstmord begangen", war sein erster Satz. „Alles war inszeniert, weil ich herausgefunden habe, dass die beschlagnahmten französischen Gelder der Juden nicht nach Deutschland, sondern in die Taschen der hohen Offiziere geflossen sind und ich gedroht habe, dieses anzuzeigen."

Das war schon eine extreme Aussage, aber für Maren passte das ins Bild, weil ihre Oma auch nie an die Selbstmordthese geglaubt hatte. „Glaub mir, Maren, eine liebende Frau spürt, wenn da etwas faul ist", pflegte sie zu sagen, wenn sie mit Maren später über diese Geschichte sprach.

Okay, da hatten wir jetzt Klarheit, aber das erklärte nicht die beiden anderen Suizidfälle, die scheinbar aus heiterem Himmel gekommen waren.

Was war da los? Wie konnte ich helfen?

Meine Gedanken überschlugen sich. Okay, die beiden nachfolgenden familiären Suizide konnten dann ja nicht an das Energiefeld des Opas angedockt sein. Oder doch? Dockte man bei Suizid im Ahnenfeld an? War das eine nicht etwas gewagte Theorie? Noch einmal hier zusammenfassend als Schaubild:

In Bezug auf Maren:

Suizid des Opas (vermeintlicher!): 1940,

Suizid des Onkels: 1979,

Suizid des Bruders: 2017.

Das Erste, was einem ins Auge sticht, ist die Tatsache, dass alles Männer waren. Bei den letzten beiden ohne ersichtlichen Grund, beim Opa aller Wahrscheinlichkeit nach kein wirklicher Suizid. Konnte aber allein durch die Behauptung, es wäre Suizid gewesen, und die Übermittlung der Todesursache als Suizid im Energiefeld etwas ausgelöst worden sein? Konnte es sein, dass sowohl Onkel als auch Bruder in das Angstenergiefeld der Oma eingetaucht waren?

Ich verstand mal wieder, wie leider so oft, die Welt nicht mehr. Mein bisheriges Wissen reichte nicht aus, um diese Fragen zu beantworten, und es erschien mir auch reichlich gewagt.

Leider zeigten sich weder Onkel noch Bruder in der Aufstellung, um durch einen entsprechenden Jenseitskontakt einen Schritt weiterzukommen. Aber die Omi meldete sich zu Wort. Ihre Botschaft an Maren war klar: „Mach dir keine Sorgen um deine Kinder, ich wache über sie. Das Thema ist in unsere Familie durch den Tod deines Bruders endgültig abgegolten."

Maren und ich sahen uns an. Da wurden neue Fragen aufgeworfen. Was war abgegolten? Eine realistische Erklärung schien es nicht zu geben, war wohl auch nicht aus der Geistigen Welt zu bekommen. Weder mein Geistführer noch sonst jemand meldete sich zu Wort. Ich wollte schon aufgeben, da schoss mir ein einziges Wort durch den Kopf: Sumatra. Ohne eine Erklärung, einfach ohne alles, stand das Wort im Raum. Auch das gab ich an Maren weiter und gab zu, dass ich mit meinem Latein am Ende war. Das alles überstieg meine Vorstellungskraft, und irgendetwas in mir blockierte auch. Ich wollte das nicht wissen, wollte mir dieses Thema nicht wirklich ansehen. Ich glaubte der Oma, dass die Kinder in Sicherheit waren, und das war für mich das Wichtigste, was mich ungemein beruhigte. Maren und ich kamen überein, dass wir in Kontakt bleiben wollten.

Wochen später rief Maren mich an. Sie hatte Neuigkeiten, die sie mit mir bei einem Kaffee besprechen wollte.

Hier die Ergebnisse ihrer Suche:

„Das Wort *Sumatra* hat mir keine Ruhe gelassen. Irgendetwas klingelte bei mir im Hinterkopf, aber ich wusste nicht, wo ich ansetzen sollte. Meine ältere Schwester Karin brachte mich schließlich darauf, den jüngeren Bruder meines Opas zu fragen, der zwar kurz vor seinem 98.Geburtstag steht und im Altersheim lebt, aber noch vollständig klar im Kopf ist.

Ich nahm mir also einen Tag frei, um die 300 km zu ihm zu fahren. Er freute sich sichtlich über meinen Besuch. Als ich ihn fragte, ob er eine Verbindung zu Sumatra hatte, fiel ich fast vom Hocker: Sein Vater war Niederländer und hatte eine Farm auf Sumatra. Er und seine Geschwister waren alle dort geboren worden, und erst 1927 war die Familie in die Nähe von Frankfurt gezogen, da die Mutter von dort kam und der Vater schwer krank war. Da ich meinen Opa nie kennengelernt hatte, hatte auch nie jemand darüber gesprochen, dass er auf Sumatra geboren war. *Ungar: geboren?*

Ich erzählte dem Bruder meines Opas, warum ich eigentlich hier war, was mich beschäftigte und wie ich auf Sumatra kam. Er runzelte als Antwort erst nur die Stirn und murmelte dann etwas von einer alten Geschichte. Aber ich ließ nicht locker, war er doch meine einzige Chance auf eine Antwort. Er druckste lange herum, schließlich erzählte er mir, was sich damals zugetragen hatte. *Warum noch A.?*

Mein Opa wurde 1907 geboren und hatte wohl mit gerade mal 16 Jahren das einheimische Hausmädchen geschwängert. Meine resolute Urgroßmutter regelte das auf ihre Art, zahlte dem Mädchen eine Entschädigung und entließ es. Daraufhin tauchte der Vater des Mädchens bei meinen Urgroßeltern auf und pochte auf Heirat. Das war natürlich überhaupt nicht im Sinn der Familie. So gab ein Wort das andere, und der letzte Satz des Mannes an meine Großeltern war:

„Das Leben meiner Tochter ist zerstört. Dafür werdet ihr mit drei männlichen Leben bezahlen."

Als Maren geendet hatte, kam ich mir vor wie in einem schlechten Film.

Ich erzähle diese Geschichte hier, um deutlich zu machen, dass es vieles zwischen Himmel und Erde gibt, was sich nicht erklären lässt.

Ich meinerseits habe für mich beschlossen, diese Geschichte so stehen zu lassen. Zum jetzigen Zeitpunkt fühle ich mich einfach nicht berufen, sie zu durchleuchten, und merke auch, dass ich Angst habe, sie könnte mein Weltbild erschüttern.

Vielleicht, liebe Leserin, lieber Leser, hast du eine Erklärung für dich gefunden. Kann man eine ganze Ahnenreihe wirklich so steuern? Kann man so etwas Fluch nennen? War da Schwarze Magie im Spiel?

In vielen Märchen stoßen wir ja auf ähnliche Dinge, siehe Dornröschen. Man sagt, in jedem Märchen steckt ein Körnchen Wahrheit... Ich steige an dieser Stelle bewusst aus und überlasse es dir, deine eigenen Schlüsse zu ziehen.

Konstanzes Partnerschaftsthema

Als Konstanze vor mir saß, war sie am Boden zerstört. Ihr Mann hatte sie verlassen. Soweit eine Geschichte von vielen.

Konstanze war selbstständig als Friseurin, ihr Leben bestand hauptsächlich aus Arbeit. Ihrem Mann hatte sie sowohl das Studium als auch seine immer wiederkehrende Arbeitslosigkeit finanziert. Schon früh war sie ständig damit beschäftigt, seine immer größer werdenden Schulden zu tilgen und Vereinbarungen mit Gläubigern zu treffen. Er hingegen betrieb, neben Geldausgeben, die Vogelstraußpolitik, steckte den Kopf in den Sand und überließ es Konstanze, die Post zu öffnen, und so nahm sie unbewusst immer mehr die Mutterrolle ein.

Als sie schließlich die Nase von seinem Umgang mit Geld voll hatte, ihm die Pistole auf die Brust setzte, eine Schuldenberatung aufzusuchen und endlich einer geregelten Arbeit nachzugehen, verließ er sie. Nicht ohne vorher sämtliche gemeinsame Konten bis zum Anschlag zu überziehen, von Konstanzes Sparbuch den letzten Notgroschen abzuheben und auch noch ihr Sparschwein mitzunehmen.

Konstanze saß vor einem Scherbenhaufen und wusste die ersten Monate nicht, wie sie überleben sollte. Sie arbeitete nahezu rund um die Uhr, um finanziell wieder Land zu sehen, und fragte sich ständig, wie ihr so etwas hatte passieren können. Dann erfuhr sie auch noch, dass er sofort zu ihrer besten Freundin gezogen war, mit der er schon länger eine Affäre hatte. Was natürlich alle wussten, nur, wie so oft, die Betroffene selbst nicht.

In der Nacht, als Konstanze davon erfuhr, schwor sie sich:

„Ich werde niemals schlecht über ihn reden, mich vom

Freundeskreis distanzieren und für mich ein neues Leben beginnen. Da ich finanziell eh schon bei null oder weniger als null anfangen muss, kann ich den Rest auch auf Neuanfang setzen."

Konstanze saß vor mir, und ich sagte ihr auf den Kopf zu, dass sie gestern einen Mann kennengelernt hatte, der ihr Interesse geweckt hatte, trotz allem! Sie war verblüfft, bestätigte aber sofort, es würde stimmen. Ich sagte ihr, dass sie sich mit diesem Mann genau das gleiche Thema ins Boot hole, das sie jetzt gerade bearbeiten wollte.

„Oh, mein Gott", brach es aus ihr heraus. „Sag jetzt bitte nicht, dass ich in die Fußstapfen meiner Oma trete. Die hatte auch lauter Taugenichtse an der Backe", brach es aus ihr heraus.

Aufgrund meiner Ahnenarbeit wurde ich hier natürlich sofort hellhörig.

Es stellte sich heraus, dass Konstanze noch mehr Parallelen zu ihrer Oma hatte. Beide hatten ihren ersten Mann früh durch einen Unfall verloren, beide waren sie im gleichen Beruf selbstständig, und beide mussten sie die Schulden ihres zweiten Ehemanns abtragen. Konstanzes Mutter war verstorben, als Konstanze sechs Jahre alt war. Sie war bei ihrer Oma aufgewachsen und hatte die Problematik hautnah miterlebt.

Als Erstes bat ich Konstanze, die Rolle ihrer Oma einzunehmen. Ich klopfte sie nach gängigem Familienstellen ein und bat sie, einfach mal zu spüren, wie sich ihre Oma fühlte. Bestürzt stellte Konstanze fest, dass ihre Gefühle derzeit nichts waren gegen den Vulkan, der sich in den Emotionen ihrer Oma zeigte. Konstanze begann bitterlich zu weinen. Ungeweinte Tränen für die Großmutter, die sich nie erlaubt hatte zu weinen, und ihre eigenen. Und es war ein Stück weit Erlösung für Konstanze.

K: und wie außen hin stark!
Konnte ihre Emotionen nicht
zeigen! Rolle sich nie erlaubt
zu weinen!

Ich reinigte das Energiefeld der weiblichen Ahnenreihe mit Hilfe von Erzengel Michael durch und begann, Schritt für Schritt die Glaubensmuster von Konstanze gemeinsam mit ihr aufzudecken und umzuwandeln. Danach trennte ich beide Frauen bewusst energetisch voneinander, keine musste mehr für die andere tragen, und machte Konstanze bewusst, dass sie das Thema ihrer Großmutter nicht bei sich in Heilung bringen musste, schon gar nicht, indem sie in ihre Fußstapfen trat.

Manchmal reicht es schon aus, sich der Sache bewusst zu werden, damit die betreffende Person aus alten Mustern aussteigen kann. Konstanze versprach, mich über die weitere Entwicklung auf dem Laufenden zu halten.

Was soll ich sagen? Nach unserer Sitzung war Konstanze noch zwei Jahre Single, konzentrierte sich auf ihr Geschäft und verfolgte ehrgeizige Pläne. Allerdings wurden ihre Pläne in diesem Jahr abrupt durch die Geburt eines wunderschönen Töchterchens gestoppt. Der Kindsvater ist ein Banker und trägt seine Konstanze auf Händen.

Manchmal kann ich mich im Übrigen nur noch wundern:

Vor kurzem hatte ich in einer deutschen Großstadt eine Einzelsitzung, die genau mit der gleichen Geschichte wie der von Konstanze begann. Sogar der Beruf stimmte. Nur eine Oma mit der gleichen Vorgeschichte hatte sie nicht vorzuweisen.

Ich möchte dich bitten, hellhörig zu werden, sobald du Parallelen in der Ahnenreihe entdeckst. Sei es bei dir selbst, oder bei anderen. Du kannst dir sicher sein, dass unser Unterbewusstsein genau weiß, was die Ursachen sind, und wenn das in einem Nebensatz auftaucht, ist es ein deutlicher Hinweis darauf, sich ein Ahnenthema genauer anzuschauen. Wenn du aufmerksam bist, brauchst du noch nicht einmal besonders medial zu sein.

Ich darf mir viel
soviel gefallen lassen!

Merke: Bessere Grenzen!

Wenn du bewusst oder unbewusst auf Parallelen zu deinen Ahnen stößt, ist das ein deutlicher Hinweis, genau hinzuschau-en. Oft ist schon das Bewusstwerden der erste Schlüssel, um aus genau diesem Ahnenthema auszusteigen.

★ ★ ★   + mütterlicher

Ahnenlinie mütterlicherseits

1. Kann auch weiblich
sein! Nicht nur stark! Weiblichkeit ausleben! Nicht nur junge
Mütter! (letzte Mutter: eine
Geburt: mit 40 !!!), muss nicht
alleine werden, sei Ziel: nun
nicht mehr Kind & Gut bleiben,
ich kann mich durchsetzen,
behaupte + ich kenne meinen
Selbstwert! :-)

Danke, Opa!!!
:-)

Happy
Birthday
Opa!

Die Lilie oder Ein Geschenk der Ahnen

Oft zeigt sich in Aufstellungen, dass die Ahnen ihren Urahnen ein Geschenk machen wollen. Das geschieht besonders oft, wenn es um spirituelle Themen geht.

Früher wurde das spirituelle Wissen oft in den Ahnenreihen weitergegeben, und oft endete es abrupt. Die Ahnen möchten das Paket aber sehr, sehr gerne an den weitergeben, der es aktuell leben könnte. Hier habe ich schon sehr oft erleben dürfen, wie glücklich der Urahn ist, wenn der Aufstellende bereit ist, altes Wissen der Ahnenreihe neu zu beleuchten und wieder anzunehmen. Das sind jedes Mal Gänsehautmomente.

Erwin bekam von seiner Ahnenreihe einmal ganz viel Druidenwissen, Nathalie die Kräuterapotheke ihrer Uroma, Christine schamanisches Wissen aus der Tundra…

Die Liste ließe sich fast unendlich fortführen und brachte die Aufstellenden meistens zu den Wurzeln ihrer eigenen Spiritualität und beendete oft die Suche nach dem eigenen Platz im Leben.

Viele Menschen wissen nicht, welchen spirituellen Weg sie einschlagen sollen, suchen rastlos nach dem *einen* Platz, von dem sie sich einen riesigen Aha-Effekt erwarten. Natürlich kann hier die Ahnenarbeit nicht in jedem Fall helfen, aber sie kann ein Anfang sein.

Ein ganz besonderes Beispiel hierfür war Alexandra.

Eigentlich machte sie die Ahnenaufstellung bei mir nur mit, weil ihre Freundin sie dazu überredet hatte. So ging sie völlig entspannt in ihre eigene Aufstellung. Als ich sie fragte, ob sie

Bezug zum 7. Ahn hatte, strahlte sie wie eine Schneekönigin und nickte. Auch der 7. Ahn schloss sie liebevoll in seine Arme und bestätigte die Verbindung.

Der verstorbene Ahn stand übrigens genau hinter der Person, die ihn an diesem Tag verkörperte, und er strahlte über das ganze Gesicht aus leuchtend blauen Augen, die ich wohl nie wieder vergessen werde. „Richte ihr aus, dass sie eine Lilie von Florenz ist", übermittelte er mir. Ich war ein einziges Fragezeichen, richtete es aber trotzdem aus – schon allein deshalb, weil ich auf die Reaktion von Alexandra gespannt war. Diese zuckte einen winzigen Moment zusammen, lachte dann über das ganze Gesicht und sagte laut: „Ich wusste es." Jetzt war es an mir, erstaunt zu blicken. Da erzählte sie:

Ihre Abschlussfahrt mit der Schule ging in die Toskana, und beim Besuch von Florenz hatte Alexandra das Gefühl, die Stadt genau zu kennen, obwohl sie niemals zuvor dort gewesen war. Sie verblüffte alle, weil sie sich nicht nur mühelos ohne Stadtplan zurechtfand, sondern meistens auch wusste, was sich hinter der nächsten Ecke verbarg. Sie hatte sich so in diese Stadt verliebt, dass sie sogar zwei Semester an der Universität Florenz studierte. Florenz sei die Stadt, die ihr Herz zum Singen bringen würde.

Der verstorbene 7. Ahn hatte noch eine wunderschöne Botschaft für sie: „Suche den Ring mit unserem Zeichen, du gehörst zum florentinischen Haus der Lilie. Du wirst den Ring finden, wir helfen dir. Trage ihn, nimm das Erbe deiner Familie an. Es ist dein Schlüssel zu deiner Weiblichkeit. Die Frauen in unseren Reihen haben alle vergessen, dass nicht nur ihr Männeranteil, sondern auch die Weiblichkeit gelebt werden will. Erwecke dich damit selbst, damit du deinen Platz einnehmen kannst, um dich selbst zu finden" (Orginal-Mittschnitt meines Channelings an dieser Stelle).

Die Worte waren schon sehr mystisch, und auch ich konnte sie nicht wirklich deuten. Alexandra fügte übrigens noch hinzu, dass sie schon immer eine Abneigung gegen Lilien – mehr noch gegen den Duft der Lilien – hatte. Wie spannend war das denn! Der Rest der Ahnenreihe wies eher die normalen Höhen und Tiefen auf.

Ich hatte diese Begebenheit schon längst vergessen, als Alexandra zu einer Ahnenveranstaltung auftauchte. An ihrem linken Mittelfinger trug sie einen auffallenden Silberring mit einer Lilie. Ich stutzte, als ich den Ring sah, und sie erzählte mir sofort die Geschichte dazu.

„Mein Freund hat mir eine Reise nach Wien geschenkt. In der Nähe des Hotels war Sonntagsmorgen ein Flohmarkt, und so beschlossen wir, über den Markt zu gehen. Nach einer Stunde Stöbern hatte mein Freund genug. Er wollte ins Kaffeehaus. Doch ich war um nichts in der Welt zu bewegen, diesen Flohmarkt zu verlassen. Alles in mir weigerte sich. So machte sich mein Freund seufzend mit mir auf den Weg, auch noch den nächsten Gang abzulaufen. Da stießen wir auf einen kleinen Stand. Ein alter, leicht gebeugter Mann stand dahinter. Er stach aus der Menge heraus, denn er pries seine Ware nicht lautstark an und versuchte auch nicht, uns etwas aufzuschwatzen. Damit unterschied er sich auffallend positiv von den Verkäufern um ihn herum.

Auf seinem Tisch lag ein kleines Kästchen, das mich regelrecht anzog, und ich öffnete es, ohne zu fragen. Daran lag dieser, ja genau! – *dieser* Ring mit der Lilie. Für 50,00 Euro wechselte er in meinen Besitz über, und endlich konnte ich mit meinem

Freund ins Kaffeehaus gehen. Kaum saß ich dort auf einem Sessel, fiel mir auf, dass ich den Händler gar nicht gefragt hatte, ob er etwas über den Ring wisse. Also machte ich mich noch einmal auf den Weg und versprach meinem Freund, bald zurück zu sein. Es war frustrierend: Ich klapperte die Gänge auf dem Flohmarkt ab, doch den kleinen Stand konnte ich nicht wiederfinden. Irgendwie ist schon alles sehr verrückt, doch ich weiß, dass ich geführt bin. Jetzt habe ich den Ring, den mir mein 7. Ahn angekündigt hat, und die Geschichte dazu findet mich auch noch, ohne dass ich sie suchen muss."

Das war auch für mich unglaublich spannend, und ich freue mich jetzt schon auf das nächste Zusammentreffen mit Alexandra. Ob diese Geschichte noch eine Fortsetzung hat?

Fehlende Weiblichkeit

Oft steht zu Beginn einer Ahnenaufstellung eine weibliche Ahnenreihe bereit, und man sieht sofort, dass die Weiblichkeit überhaupt nicht gelebt wird.

In solch einem Fall klopfe ich (bevorzugt übrigens einen Mann) jemanden gerne verdeckt in die Rolle der Gebärmutter ein. Das heißt, dieser Mann weiß dann überhaupt nicht, was er eigentlich verkörpert. Warum einen Mann? Weil ich glaube, dass das für einen Mann eine sehr spannende Erfahrung ist.

Insbesondere in einer der letzten Aufstellungen war es wunderschön anzusehen, wie weich der Mann in dieser Rolle wurde und wie feinfühlig er alle Schwingungen um sich herum wahrnehmen konnte. Ich lasse die Person, die für die Gebärmutter steht, dann einfach jede Ahnfrau ablaufen und schaue mir die einzelne Reaktionen der Frauen dazu genau an, greife aber noch nicht aktiv ins Geschehen ein, bevor die Ahnenreihe nicht komplett der „Gebärmutter" gegenübersteht.

Die Reaktionen der Frauen berühren mich jedes Mal aufs Neue. Die meisten lehnen ihre Gebärmutter ab. Sätze fallen wie etwa „Du hältst mich klein", „du nimmst mir meine Freiheit", „ich habe dich schon lange nicht mehr", fallen sehr oft. Sehr oft können die einzelnen Frauen die Person, die für die Gebärmutter steht, nicht anschauen und haben sogar einen Fluchtreflex.

Spannend ist auch, dass meistens die letzten zwei Generationen keine Gebärmutter mehr haben, wenn in der ganzen Ahnenreihe eine Ablehnung der Gebärmutter erfolgt. Es ist so, als ob die Gebärmutter auf eine Ablehnung durch die Generationen hindurch irgendwann reagiert und beschließt zu rebellieren, worauf man sich natürlich in der heutigen Zeit nicht die seelische Ursache dahinter anschaut, sondern gleich operiert.

Das klingt nach Kritik, ist es aber nicht wirklich. Jeder Mensch muss seine eigenen Entscheidungen treffen, jeder folgt seinem eigenen Plan. Aber um zu dieser Erkenntnis zu gelangen, dass sich die Ablehnung des Frauseins über Generationen hinweg auf die Gebärmutter auswirkt, habe ich schon einige Erfahrungen gesammelt, und ich nehme mir immer die Zeit, dann jede einzelne Frau in der Aufstellung energetisch wieder mit ihrer Gebärmutter auszusöhnen. Ich glaube, das ist ein wichtiger Schritt, um wieder Weiblichkeit leben zu können. Wenn die Frauen nach der energetischen Aussöhnung wieder vor der eingeklopften Gebärmutter stehen, fließen sehr oft Tränen der Erleichterung. Und immer wieder taucht auch auf, dass Frauen sich insgeheim nach dem Leben ihrer Weiblichkeit sehnen, dann aber das Gefühl haben, in der heutigen Zeit nicht lebensfähig zu sein. So wird Frausein mit Schwachsein gleichgesetzt. Das macht mich zutiefst betroffen.

Umgekehrt kommt es eher selten vor, dass die Männer ihre Männlichkeit nicht leben oder annehmen möchten. Und meistens ist das kein Problem, das sich durch die ganze Ahnenreihe zieht, sondern höchstens mal auf einen Mann in der ganzen Linie zutrifft. Ich glaube, in dieser Hinsicht können wir Frauen viel von den Männern lernen. Und ich möchte an euch Frauen appellieren, eure Gebärmutter als ein einmaliges Geschenk anzusehen. Sie steht für Empfangen und ist die Wiege des ungeborenen Lebens. Es macht uns aus! Versöhnen wir uns mit der Gebärmutter! Und das heißt auch, die weiße Frau in uns anzunehmen.

Solltet ihr in einer weiblichen Ahnenaufstellung arbeiten, achtet bitte darauf, dass auch die weibliche Seite gereinigt wird.

*Wir haben so viele Kinder,
weil wir immer unsere*

So kommt diejenige, die aufstellt, viel intensiver in ihre Kraft.
Auch das ist Sinn einer solchen Aufstellung.

An alle Frauen. Stellt euch doch bitte mal folgende Fragen:

- **Bist du gerne Frau?**   *Weiblichkeit*
- **Glaubst du, deine Mutter ist/war gerne Frau?**   *geleled*
- **Glaubst du, deine Oma ist/war gerne Frau?**
- **Spürst du dich als Frau?**   *holen!*
- **Glaubst du, die Frauen in deiner Ahnenreihe blockieren dein Frausein?**
- **Weißt du, wie sich Frausein anfühlt?**   *(—)*

Solltest du die Mehrzahl dieser Fragen mit Nein beantwortet haben, solltest du den Mut haben, genauer hinzuschauen oder ein kleines Ritual machen.

Kleines Ritual für die weibliche Ahnenreihe

Beschrifte sieben Mini-Zettel mit jeweils einer Ziffer aus der Zahlenreihe eins. Anstatt der Zahl eins und zwei kannst du auch Mutter und Oma schreiben.

Nimm jetzt sieben Teelichter und lege sie in einer beliebigen Anordnung auf einen Tisch. Verteile nach Gefühl die sieben Zettel zu den Kerzen und sage in Gedanken: Das Licht der Weiblichkeit möge in dieser Ahnenreihe leuchten. Schließe kurz die Augen und summe deine Lieblingsmelodie leise vor dich hin. Segne in Gedanken deine Ahnfrauen, die deinen Weg vor dir gegangen sind, und zünde aus diesem Gefühl heraus bewusst für jede Ahnfrau in jeder Generation eine Kerze an.

*Papa: viel ...... *

Opa-früh gestorben, (beide)

Achte mal für einen Moment darauf, wie welche Kerze flackert. Die einen werden ganz ruhig brennen, die anderen unruhig, wieder eine andere kann zu rußen beginnen. Alleine die Art und Weise, wie eine Kerze in dieser Anordnung brennt, sagt viel aus.

Brennt eine Kerze ruhig, ist in dieser Generation die Weiblichkeit in Harmonie; brennt sie unruhig, kann die Weiblichkeit nur schwer gelebt werden. Entwickelt die Kerze Ruß, kannst du darauf gehen, dass hier erhebliche Verletzungen in der Weiblichkeit vorliegen.

Bedanke dich bei deinen Ahnfrauen für die Botschaft, die sie dir über die Kerzen übermittelt haben, und bitte sie, die weibliche Energie in der Ahnenreihe zu fördern und alle damit verbundenen Blockaden zu löschen. Als Dank für ihre Hilfe lässt du ihr jeweiliges Licht der Weiblichkeit herunterbrennen.

☆☆☆ Danke, schöne !!! :-)

→ typische Frau!

Martin *oder* Der Urschrei

Martin war bei der Aufstellung der Typ Mann, nach dem sich die Frauen umdrehen. Groß, gut gebaut und äußerst zuvorkommend. Wir Frauen in der Ahnenaufstellung an diesem Wochenende unterhielten uns in den Pausen gerne mit ihm und fanden seine ruhige Art mehr als angenehm.

Martin entschied sich sehr schnell dafür, seine männliche Ahnenreihe aufzustellen. Es lag viel Erbschaftsstreitigkeit darin und viel Machtgerangel. Aber nicht wirklich Spektakuläres, bis wir zu seinem Vater kamen.

Ich bekam sofort das Bild, dass der Vater ein starkes Alkoholproblem hatte, sprach es aber noch nicht an. In der Aura von Martin wurde große Unruhe, ja, fast Angst deutlich, als er in der Aufstellung auf das Vaterthema kam. Bis zu diesem Zeitpunkt war er ganz ruhig und ausgeglichen gewesen. Ich bat ihn, sich seinem Vater gegenüberzustellen. Martin konnte es nicht, er blieb wie angewurzelt stehen und begann hektisch nach Luft zu schnappen. Schnell klopfte ich jemanden als Engel der Heilung ein und bat diese Person, sich dicht hinter Martin zu stellen und ihm Energie zu geben. Sofort konnte Martin wieder ruhig atmen.

Vor meinem inneren Auge lief rasend schnell ein Film ab, und ich kam kaum hinterher, mir die Bilder zu merken.

Toularion zeigte mir zusätzlich, wo die Probleme lagen. Ich sagte Martin auf den Kopf zu, dass er die Firma von seinem Vater übernommen hatte und zum Zeitpunkt der Übernahme nicht wusste, wie schlecht es um die Firma bestellt war. Der Vater hatte alles gut vertuscht, und Martin arbeitete von früh bis spät, um die Firma halten zu können, weil er das Gefühl hatte, es seinem Vater schuldig zu sein. Da Martin nur arbeitete und sich keine Pause gönnte, zerbrach seine Ehe.

All das sagte ich Martin auf den Kopf zu, und dieser nickte mit Tränen in den Augen.

Ich fragte ihn, ob er seinem Vater das nicht mal sagen wollte, dass er sich von ihm betrogen fühlte und ihn auch als Schuldigen für sein Ehe-Aus ansah. Sofort schüttelte Martin den Kopf. Ich fragte ihn, ob er wüsste, dass der Vater ein Alkoholproblem hatte. Martin nickte, und sagte leise:

„Jeden Pfennig trug er ins Wirtshaus, er war nie für uns da. Er kam nur nach Hause, um seinen Rausch auszuschlafen. Familie waren für mich mein Bruder und meine Mutter. Ich habe nie verstanden, warum meine Mutter nicht mit uns das Weite gesucht hat. Meine Mama wurde nicht alt, und daran ist auch niemand anderes als mein Vater schuld."

Er sagte das alles ganz emotionslos, erschreckend emotionslos. Ich nahm Martin an die Hand und fragte, ob er mit mir an seiner Seite zu seinem Vater gehen könne. Zögernd ging er mit mir auf seinen Vater zu, blickte ihn aber nicht an. Ich fragte ihn an dieser Stelle noch einmal, ob er seinem Vater nicht jetzt und hier alles an den Kopf werfen wolle. Wieder ein Kopfschütteln. Instinktiv fragte ich Martin, ob er schon jemals in seinem Leben geschrien hätte oder gar laut geworden sei. Wieder keine Antwort, sondern nur ein Kopfschütteln.

„Okay", ergriff ich die Initiative. „Ich zähle jetzt bis drei, und dann schreien wir beide gemeinsam." Ich zählte bis drei, Martin öffnete den Mund, doch kein Laut kam über seine Lippen. Die Einzige, die man schreien hörte, war ich.

Toularion tauchte auf und gab mir deutlich zu verstehen, dass ich jetzt nicht aufgeben sollte. Es sei so wichtig, Martin seine Stimme zu geben. Also bat ich kurzerhand alle Anwesenden, bei drei zu schreien. Jeder fieberte und litt mit Martin mit, und jeder konnte sehen, dass ich ihn wohl nicht so einfach aus dieser Nummer herauslassen würde, und so kam es schließlich, dass alle gemeinsam schrien.

Martin stieß erst einen kurzen, kläglichen Laut aus. Ich konnte es nur hören, weil ich ihn immer noch an der Hand hielt. Ich drückte ermutigend seine Hand, während um uns herum alles schrie. Und dann passierte das Wunder: Ein Urschrei entfuhr seiner Kehle. Plötzlich übertönte er uns alle und schrie noch, als wir schon leise waren. Tränen liefen über sein Gesicht, er riss mich in seine Arme und schrie laut:

„Danke, Silke", und plötzlich weinten alle im Saal kollektiv mit. Es war wie eine Welle, die sich entladen hatte und durch das Weinen leise ausklang. Ich war aber noch nicht fertig mit ihm.

„Kannst du jetzt auf deinen Vater zugehen und ihm mal sagen, was dir alles stinkt?"

Er konnte! Es brach aus ihm heraus wie ein Wasserfall, und er verpasste seinem Vater sogar einen Schubs. Juhu, endlich konnten wir an die Auflösung zwischen den beiden gehen, und schließlich konnte Martin sogar die Liebe in Form des Herzens von seinem Vater annehmen.

Vor seiner Aufstellung hatte Martin die Gruppe gefragt, ob er seine Aufstellung filmen dürfe. Natürlich konnte die Gruppe es solch einem Sonnyboy nicht abschlagen, und so hatte er seinen Urschrei sogar immer parat. Noch heute bezeichnet er das als seinen emotionalen Durchbruch, und für mich war es unendlich schön, seine Veränderung wahrzunehmen.

Die Gruppe saß nach der Aufstellung noch lange im Biergarten zusammen, wir sprachen über das Erlebte, doch irgendwie waren neben Martins Aufstellung alle anderen ein wenig in den Hintergrund gerückt. Diese Gruppe hat sich an diesem Wochenende so intensiv aufeinander eingespielt, und ohne das gemeinsame Schreien hätte sich Martins Knoten niemals gelöst.

Manchmal muss man in einer Aufstellung ungewöhnliche Wege gehen, um Problematiken aufzulösen. Ich entschuldige mich an dieser Stelle bei all meinen geduldigen Nachbarn für das Geschrei an einem Sonntagnachmittag, wenn ihr euch heute noch fragt, was da los gewesen ist... Das Geheimnis ist gelüftet!

Ahnenarbeit im Freien

Nirgendwo ist Ahnenarbeit effektiver als im Freien.

Suche dir einen ruhigen, freien Platz in der Natur, und stell dich für einen Moment in die Mitte des Platzes. Bedanke dich bitte als Erstes bei Mutter Natur und den Naturwesen des Platzes, dass du auf ihrem Platz Gast sein darfst, und bitte die Naturwesen, die Energie während deiner Ahnenarbeit rein zu halten. Bitte deine Ahnen, diesen Platz jetzt zu weihen und für dich vorzubereiten. Schreite dafür langsam ein großes Rechteck auf dem Platz ab und mache dir bewusst, dass du jetzt das Kraftfeld zu deinen Ahnen aufbaust.

Nimm zwei Gegenstände aus der Natur und markiere damit eine Tür in deinem Kraftfeld. Stell dich jetzt vor die Türmarkierung außerhalb deines Rechtecks und warte einen Moment, bis sich dein Ahnenfeld energetisch aufgebaut hat. Tritt jetzt bewusst durch deine Türmarkierung in das Feld ein und spüre, wie sich die Energie darin anfühlt. Nimm dir einen Moment Zeit, schreite das Feld ruhig ein paarmal ab, um ein Gefühl dafür zu bekommen. Setze dich jetzt ganz bewusst in dein Ahnenfeld.

Der wichtigste Schlüssel für Ahnenarbeit ist neben Vergebung und Respekt auch das Mitgefühl. Heiße jeden Ahnen willkommen und bedanke dich, dass er seinen Platz in deiner Ahnenreihe annimmt. Bitte deine Ahnen jetzt, dein Ahnenfeld mit ihrer kompletten Liebe zu fluten. Und du bittest jetzt deinen Herzbereich, sich zu öffnen, damit du genau diese Liebe spüren kannst. Lass dich durchfluten, genieße die Liebe und die Geborgenheit. Und sag jetzt bitte laut:

- *Danke, ihr Ahnen, dass ihr diesen Weg vor mir gegangen seid.*
- *Danke, ihr Ahnen, dass unsere Schicksalslinien jetzt gereinigt werden dürfen.*
- *Danke, dass wir alle Schwere aus unserem Feld loslassen dürfen.*
- *Danke, dass wir uns gegenseitig respektieren.*
- *Danke, dass die Liebe uns verbindet.*
- *Danke, dass wir Mitgefühl für einander haben.*
- *Danke, dass wir alle Umwege gehen dürfen.*
- *Danke, dass wir alle in diesem Feld verbunden sind.*

Solltest du eine schamanische Trommel oder eine Flöte besitzen, wäre jetzt der richtige Moment, sie einzusetzen. Hast du beides nicht, dann geh einfach bewusst in die Stille und lass alle Bilder und Gefühle hochkommen, die dir deine Ahnen in diesem Moment zeigen möchten. Nimm dir dafür Zeit, überstürze nichts.

Wenn du das Gefühl hast, es reicht, steh auf und schreite dein Ahnenfeld noch einmal mit Bedacht ab. Hat sich etwas verändert? Fühlt sich etwas intensiver, leichter, wärmer an?

Bedanke dich bei deinen Ahnen, dass sie mit dir zusammen diesen Platz zu eurem Platz gemacht haben. Bitte jetzt die Naturwesen und die Engel der Transformation, dein Ahnenfeld erneut zu reinigen und die Energie des Lichts hineinfließen zu lassen. Möge dein Ahnenfeld hell strahlen und dir immer wieder Kraft, Geborgenheit und Liebe schenken.

Verlasse jetzt ganz langsam dein Feld durch die markierte Tür. Sobald du draußen bist, verneige dich aus Respekt vor den Schicksalen deiner Ahnen und mache dir bewusst, dass du niemals alleine bist.

Ich weiß, dass für viele das Verneigen zu heftig ist, Ich verbinde es im Kopf mit der Demut, die mich erfüllt, wenn ich sehe, welchen Widrigkeiten meine Ahnen ausgesetzt waren und mit welcher Liebe und Hingabe sie ihren Platz in meiner Ahnenreihe einnehmen. Wenn dir das Verneigen zu viel ist, kannst du es natürlich gerne weglassen.

Mal eben so eingeworfen

Es gibt eine Langzeitstudie der Universität Harvard, die auf 35 Jahre ausgelegt war. In dieser Studie mussten die Probanden zu Beginn ankreuzen, wie sie jeweils ihre Beziehung zur Mutter und zum Vater in der Kindheit sehen.

Spannend war dabei Folgendes:

Die Gruppe, die angekreuzt hatte, dass sie keine große Liebe erfahren hatte und das Verhältnis eher kühl war, wiesen mit Mitte 50 eine viel größere Krankheitsrate auf als diejenigen, die angegeben hatten, viel Liebe erfahren zu haben. Insbesondere Herzkrankheiten zeigten sich hier häufig.

Stopp! Jetzt nicht erschrecken. Wir haben ja schon gelernt, dass wir alles verändern können, und im Nachhinein können wir die Gefühlsebene zu unseren Eltern heilen, auch wenn sie vielleicht nicht mehr am Leben sind.

Unsere Eltern sind das wichtigste Glied in unserer Ahnenreihe. Durch sie haben wir einen Platz auf dieser Erde gefunden und eine gemeinsame Seelenabsprache getroffen, gemeinsam zu inkarnieren.

Erinnere dich für einen Moment. In deiner frühsten Kindheit hast du deiner Mutter und deinem Vater völlig unvoreingenommen ein völlig offenes Herz und uneingeschränkte Liebe entgegengebracht. Irgendwann kamen dann die Einflüsse, die deine Gefühle verändert haben. Vielleicht hast du das Gefühl zu deinen Eltern verloren, weil du mehr gegeben hast, als sie erwidern konnten. Vielleicht waren beide Eltern unfähig, mit dir zu kuscheln und dich in die Arme zu schließen oder dir Wärme zu geben. Niemand kann das besser beurteilen als du! Aber eins kann ich dir mit Sicherheit sagen: Irgendjemand oder ein Ereignis hat deine Eltern so geprägt, dass solch eine Entwicklung stattfinden konnte.

Denk mal zurück. Weißt du etwas aus Erzählungen? Oder was war in ihrem Leben in den ersten fünf Jahren nach deiner Geburt los?

Ich kam nach der Geburt sofort in den Brutkasten, meine Mutter durfte mich in den ersten Tagen nach meiner Geburt nicht sehen. Ich habe also genau das erlebt, was traumatisch für einen Säugling ist und nach wissenschaftlichen Erkenntnissen Todesängste auslöst, weil die Bezugsperson, der vertraute Geruch, der vertraute Herzschlag, fehlen. Ich hatte auch lange Jahre eine sehr schwierige Beziehung zu meiner Mutter.

Heute sehe ich vieles anders und habe auch hart an mir gearbeitet. Nicht an ihr, sie konnte ich nicht verändern – Veränderungen und Akzeptanz beginnen in uns. Wir sind gerufen, das Werten sein zu lassen und Mitgefühl für unsere Eltern zu entwickeln. Eltern, die mit größter Wahrscheinlichkeit in ihrer Kindheit das Gleiche erlebt haben wie wir in unserer Kindheit. Mitgefühl ist die erste Vorstufe zur Herzöffnung. An unseren inneren Dämonen wie Hass und Schuldzuweisungen festzuhalten verhindert unseren eigenen Heilungsprozess, nicht den unserer Eltern. Auch sie müssen ihren Weg für sich finden.

Wenn alles in uns eng wird, wenn wir an die Beziehung zu unseren Eltern in unserer Kindheit denken, macht dieser intensive Weg der Heilung natürlich die meisten Bauchschmerzen. Eine gute Freundin von mir hat es mal eben auf den Punkt gebracht:

„Wenn ich etwas Schlechtes erlebt habe, bin ich doch bemüht, es selbst besser zu machen."

Ja, das ist eine Argumentation, die sehr einleuchtend ist. Wenn wir es aber nicht anders kennen, es vielleicht für die damalige Zeit normal war, wie hätten sie dann unbedingt ihre Fehler erkennen können? Oder, anders ausgedrückt: Ihre Muster, ihr Ahnenpaket, lassen sie nicht so ohne weiteres aus ihrer Haut schlüpfen.

Du reflektierst jetzt, befasst dich mit diesem Thema. Hand aufs Herz: Was hat dich dazu gebracht, dich mit dem Ahnenthema zu befassen? Hast du dir eventuell in deinen Seelenplan geschrieben, dass du stellvertretend für alle Ahnen deiner zwei Linien das Aufräumen übernimmst? Oder fühlst du einfach instinktiv, dass deine Probleme nicht wirklich alleine mit dir zu tun haben?

Das Leben bietet uns verschiedene Facetten, und wenn ich meine Freundin Birgit an dieser Stelle zitieren darf:

„Die größte Heilung geschieht dann, wenn ich wieder aus vollem Herzen JA zum Leben sagen kann."

Das Gefühl, in der Kindheit nicht geliebt worden zu sein oder, noch schlimmer, nicht gewollt zu sein, legt sich auch als Schatten auf unser Beziehungsthema. Wir halten uns nicht für wertvoll genug, um geliebt zu werden. Das senden wir natürlich auch dann in unserem Energiefeld aus, und schneller als wir gucken können, haben wir einen Partner an unserer Seite, der uns genau das fühlen lässt: Wir sind es nicht wert, geliebt zu werden. Auch hier gilt: Sobald ich mir einer Problematik bewusst bin, verändere ich mein Energiefeld, und damit verändert sich auch die Resonanz.

Hier mein Tipp für eine Übung, um speziell in die Eltern-
thematik einzutauchen. Allerdings hat diese einen Nachteil: Du
brauchst UNBEDINGT eine zweite Person deines Vertrauens
dazu.

Übung „Die Ahnenbrücke"

Zuerst bitte den Raum, in dem ihr an diesem Thema arbei-
tet, energetisch reinigen. Solltest du damit keine Erfahrung ha-
ben, gehe folgendermaßen vor:

Bitte einfach alle Erzengel, die Schwere und verbrauchte
Energie aus dem Raum zu nehmen und in Liebe zu wandeln.
Lade jetzt die Naturwesen des Grundstücks, des Hauses und des
Raumes ein, die Energie im Raum hochzuhalten. Bitte jetzt dei-
nen Freund/deine Freundin, gemeinsam eine Kerze für eure Ah-
nen anzuzünden, und lade dann die Ahnen in euren Raum ein.
Lege jetzt eine Decke oder ein großes Handtuch auf den Boden.
Dieses steht für eure Ahnenbrücke. Dein Freund (deine Freundin)
klopft sich jetzt als dein Vater ein und ruft alle seine Energien in
sein Feld. Ihr wartet, bis sich diese Energie in ihm gefestigt hat.
Du stehst auf der einen Seite der Ahnenbrücke, dein Freund/dei-
ne Freundin auf der anderen. Du gehst jetzt langsam über die
Brücke auf deinen Vater zu, schau bitte bewusst in seine Augen.
Kannst du auf ihn zugehen? Wenn du Widerstand ihn dir spürst,
atme ihn bewusst aus. Nimm dir Zeit, gehe in deinem Tempo.

Wenn du vor ihm stehst, begrüße ihn. Und dann sag ihm:

„Ich gebe dir die Verantwortung für das ungelöste Trau-
ma deiner Kindheit zurück und trage es nicht mehr auf meinen
Schultern und in mein Leben hinein. Ich segne dich dafür, dass
du die Rolle meines Vaters angenommen hast. Alle Seelenan-

teile, die nicht zu mir gehören und die ich für dich trage, gebe ich dir in Liebe und Dankbarkeit zurück."

Lege jetzt beide Hände für einen Moment auf deinen Herzbereich und versuche, in dein Herz hineinzuspüren. Lass dir Zeit. Sobald du das Gefühl hast, dein Prozess ist abgeschlossen, bedanke dich bei deinem Vater und gehe über die Ahnenbrücke zurück.

Mache jetzt 15 Minuten Pause. Versuche, in der Stille zu bleiben und die Energien nachwirken zu lassen. Dein Freund/ deine Freundin soll sich bitte ausklopfen. Nach der Pause wiederholt ihr die Übung, nur dass es jetzt nicht um den Vater, sondern um die Mutter geht.

Noch einmal kurz zur Erinnerung:

Einklopfen für eine andere Person:

Ich klopfe mir mehrfach sachte auf die Schulter und sage mir dabei: „Ich stehe für ... XYZ"

Ausklopfen:

Ich klopfe mir auf die Schulter, auf den Brustkorb und auf die Oberschenkel und sage mir: „Ich bin wieder ich."

Wenn du das Gefühl hast, noch nicht aus der Rolle heraus zu sein, stell dir vor, wie du einen Mantel ausziehst.

Mordgedanken

Sonntagmorgen! Ich war gerade dabei, die Möbel in meinem Praxisraum umzustellen, als das Telefon klingelte. Sonntag – eigentlich hatte ich keine Lust, ausgerechnet jetzt ans Telefon zu gehen, hatte doch auch ich mal eine Pause verdient. Aber meine innere Stimme ließ mich den Hörer abnehmen.

Nachdem ich mich gemeldet hatte, tönte die Stimme eines Mannes aus dem Hörer. Er meldete sich mit Bernd und teilte mir mit, dass ihm ein guter Kunde von mir aus Augsburg den Tipp gegeben hätte, sich bei mir zu melden. Ich sei seine letzte Rettung.

Puh, so viele Vorschusslorbeeren mochte ich gar nicht. Außerdem war ich ziemlich ausgebucht, er musste sich also auf eine monatelange Wartezeit einstellen. Da erschien Toularion, mein Geistführer, neben mir und signalisierte mir Dringlichkeit. Manchmal fühle ich mich ja schon ein wenig wie Don Camillo, wenn Toularion so unvermittelt und ungefragt auftaucht. Innerlich seufzend schob ich einen Termin noch in dieser Woche ein. Schon jetzt wissend, dass mir das meine Familie übelnehmen würde, die oft zu kurz kam.

Als Bernd kam, nahm ich einen gutaussehenden, sympathischen Mann wahr, der allerdings unglaublich nervös war. Er kam auch gleich zur Sache.

„Ich liebe meinen Bruder über alles, aber seit drei Jahren meide ich seine Nähe, und ich kann mit niemandem darüber sprechen. Silke, ich habe Angst, verrückt zu werden. Ich habe jetzt einige Psychologen aufgesucht, aber alle haben aufgegeben, und keiner kann mir erklären, was mit mir los ist. Ich habe auch Angst, das meinem Bruder oder gar meinen Eltern zu erzählen. Lieber meide ich alles, was mit Familie zu tun hat."

Er war wirklich verzweifelt, man merkte ihm aber auch an, dass er sich nur schwer mir gegenüber öffnen konnte. Immer wieder unterzog er mich einer Musterung.

„Ich habe ständig, wenn ich meinen Bruder sehe, das Gefühl, ihn umbringen zu müssen. Vor drei Jahren hatte ich sogar schon ein Küchenmesser in der Hand. Ich habe alle Willenskraft gebraucht, das Messer wieder hinzulegen, und ich war froh, dass in diesem Moment nur mein Bruder in der Küche war und mit dem Rücken zu mir stand. Es hat keiner bemerkt."

Bernd berichtete weiter, dass er diese Gefühle nur seinem Bruder gegenüber habe, den er eigentlich über alles liebe. Anfangs dachte er, das sei nur eine kurze Phase, doch es wurde immer schlimmer, und er bekam Angst, sich nicht mehr kontrollieren zu können, und zog sich ohne Erklärung von allen zurück. Seltsamerweise hatte er die Gefühle nur bei seinem Bruder. Kein anderer sonst löste solche Gedanken in ihm aus.

Weiter erzählte er, dass er eine Arbeitsstelle auf Zypern angenommen hatte, nur um Abstand zu seiner Familie zu gewinnen. Und wie froh er sei, keine eigene Familie zu haben. Er wisse ja nicht, was er da für eine Krankheit habe.

Das war eine heftige Geschichte, und noch bevor ich etwas dazu erwidern konnte, bekam ich ein Bild. Sofort fragte ich bei Bernd nach: „War der Anfang an einem warmen Sommertag und du hattest das Gefühl, deinen Bruder umfahren zu müssen? Du hattest den Impuls, statt abzubremsen, Gas zu geben, als er auf der Straße stand?"

Er nickte betreten. „Und du bist vorher eine extrem kurvige Strecke gefahren, es hätte beinahe ein Unfall gegeben, weil dich ein blaues Auto in der Kurve geschnitten hat." Er überlegte einen Moment, bestätigte mir die Geschichte, da er wirklich für einen Moment sein Auto kaum mehr auf der Straße halten konnte und damals dachte, er würde jetzt den Berg hinabstürzen. Ob das andere Auto blau war, wusste er allerdings nicht mehr.

Er kombinierte schnell: „Du meinst, das hat etwas in mir ausgelöst, was mit meinem Bruder zu tun hat?" Ich nickte. Er überlegte und bestätigte mir, dass er zehn Minuten später seinem Bruder gegenüber zum ersten Mal diese schrägen Gedanken hatte.

Wieder kamen Bilder in mir hoch. Ich sah einen Golf die gleiche Straße hochfahren, ebenfalls mit zwei Männern im Auto. Ich wusste sofort, dass der eine der Opa mütterlicherseits von Bernd war. Es regnete, die zwei Männer rauchten. Ich sah eine Zigarette fallen, konnte sehen, wie der Fahrer versuchte, sie wieder aufzuheben, war nicht mehr auf die Straße konzentriert. Die Bilder zeigten mir, wie der Wagen durch die Leitplanke schoss und in die Tiefe stürzte.

Ich berichtete Bernd von den Bildern, allerdings sagten sie ihm nichts. Kurzerhand nahm er sein Handy und machte beim Wählen den Lautsprecher an, um mich mithören zu lassen. Er fragte seine Mama, ob sie wisse, ob der Opa einen Unfall auf der Straße XY gehabt habe. Die Mutter reagierte erstaunt und fragte sich, woher Bernd das wissen konnte.

Die Geschichte passierte acht Jahre vor seiner Geburt, nämlich 1973, und in der Familie war diese Geschichte tabu. Aber sie bestätigte meine Bilder, erklärte, dass der Beifahrer, ein Freund von dem Opa, damals umgekommen war. Es gab wohl auch ein Verfahren. Da der Opa aber verschwieg, dass er die Zigarette aufheben wollte und deshalb unachtsam war, kam er straffrei davon. Aber der Opa hatte wohl die Jahre danach immer mit erheblichen Schuldgefühlen zu kämpfen und starb ein Jahr nach Bernds Geburt.

Bernd beendete das Telefonat und sah mich mit hochgezogenen Brauen an: „Okay Silke, was hat das mit mir zu tun?"

Naja, ob meine Erklärung so hieb und stichfest war, wusste ich auch nicht. Aber ich versuchte, Bernd meine Ansicht zu verdeutlichen.

„Ich glaube, ausschlaggebend ist dein „beinahe Unfall" an diesem Tag auf der gleichen Straße, die deinem Opa und seinem Freund damals zum Verhängnis geworden ist. Du bist hier nicht nur an das Energiefeld deines Opas angedockt, sondern auch gleichzeitig in die Energie des Unfalls von damals. Wahrscheinlich warst du an diesem Tag extrem abgespannt und müde. Somit war dein Energiefeld nicht gefestigt, und beide Energien haben sich mit deinem Feld für einen Moment vermischt. Die erste vertraute Person, die du danach gesehen hast, war dein Bruder.

Dein Opa hat Zeit seines Lebens bereut, die Zigarette verschwiegen zu haben. Er wurde nicht bestraft, obwohl er das im Nachhinein so sehr gebraucht hätte, um mit sich ins Reine zu kommen. Du trägst unbewusst genau dieses Paket für deinen Opa. Der energetische Fingerabdruck, der da aktiviert wurde, fordert dich heraus, für den Tod eines anderen Menschen bestraft zu werden. Stellvertretend für deinen Opa."

Bernd schwieg einen Moment „Das ist ganz schön schräg, klingt aber für mich trotzdem einleuchtend. Wie steige ich da aus?"

Das hatte ich mir auch schon überlegt. Zuerst machte ich mit Bernd eine geführte Reise zu dem Unfall seines Opas von damals, und wir änderten den Verlauf der Geschichte ab, indem der Opa über seine Schuld sprach, und verankerten das im Energiefeld, in dem wir die Geschichte mit diesem neuen Ende in der Zellerinnerung von Bernd abspeicherten. Dann reinigten wir gemeinsam sein Feld. Ich ließ ihn aufstehen und sich im Abstand von zwei Metern von mir zu positionieren, während ich mich als sein Opa einklopfte. Ich bat ihn, jetzt langsam auf mich zuzugehen und mir in der Rolle des Opas deutlich zu sagen:

„Ich trage nicht mehr für dich, ich gebe dir dein Paket in Liebe zurück, um frei zu sein. Ich habe meine Freiheit verdient."

Nachdem Bernd das ausgesprochen hatte, passierte etwas Seltsames: Er rannte zur Toilette und musste sich heftig übergeben. Nach einer gefühlten Ewigkeit kam er zurück. Er strahlte und sagte: „Ich glaube, ich bin wirklich frei."

Wir unterhielten uns noch einen Moment, aber ich konnte ihm keine andere Erklärung liefern, als die, die ich ihm schon genannt hatte. Genauso wie ich ihm die Zusammenhänge nicht wissenschaftlich erklären konnte. Bernd verabschiedete sich und erklärte, dass er jetzt nach Frankfurt fahren und das erste Mal wieder seine Familie besuchen würde. Er habe wirklich das Gefühl, frei zu sein. So ganz beiläufig erzählte er noch, dass er für diesen Termin bei mir extra aus Zypern hergeflogen war. Er war sofort hellhörig geworden, als sein Freund und Geschäftspartner von mir erzählt hatte. Von Zypern! Hätte ich vorher gewusst, wieviel Bernd auf sich genommen hatte, um zu mir zu kommen, wäre, glaube ich, der Erwartungsdruck so hoch gewesen, dass ich diese Sitzung bei weitem nicht so locker durchgestanden hätte.

Das schönste Geschenk aber war für mich eine Mail.

Bernd hatte seiner Familie jetzt erzählen können, warum er so auf Abstand gegangen war, und auch offen über seine Mordgedanken gesprochen. Alle waren geschockt, insbesondere darüber, dass Bernd sich ohne jede Erklärung zurückgezogen hatte. Aber das Schönste daran war: Diese Gedanken waren verschwunden.

Inzwischen war schon so ziemlich die ganze Familie bei mir zur Aufstellung, und wir haben nochmals kräftig aufgeräumt.

Lieber Bernd, danke, dass ich deine Geschichte unter einem anderen Namen verwenden durfte. Vielleicht können wir einige Leute da draußen damit wachrütteln, wenn sie mit ähnlichen Dingen konfrontiert sind.

Mein Ratschlag hierzu:

Insbesondere, wenn du nicht weißt, in welchen Ahnenfeldern du angedockt bist: Reinige dein Energiefeld gründlich mit der Meditation mit dem Fischernetz. Du findest sie in dem Kapitel „Der Spiritualität Flügel verleihen". Oft fällt mir auf, dass wir extrem für unsere Großeltern tragen, und manchmal habe ich das Gefühl, dass die Verbindung hier energetisch noch viel stärker ausfällt als das Paket unserer Eltern. Solltest du einen Anhaltspunkt suchen, rate ich dir, zuerst das Leben von ihnen zu durchleuchten, nach gegebenenfalls ähnlichen Begebenheiten zu suchen. Sicherlich wissen die noch lebenden Verwandten einiges. Oft findet man die Parallelen, und ich wiederhole mich gerne: Alleine im Erkennen liegen das erste Erwachen und die erste Linderung deines Themas!

Kann man diese Art von Ahnenaufstellung lernen?

Diese Frage wird mir sehr oft gestellt, und ich mache mir schon seit längerem meine Gedanken darüber. Viele meiner Schüler, die von mir medial ausgebildet sind, trauen sich das bis heute nicht zu, auch wenn sie schon vielen Ahnenaufstellungen beigewohnt haben.

Die Ahnenaufstellungen waren eigentlich einmal als ein Teil der Jenseitsausbildung gedacht, um jeden Teilnehmer vor Augen zu führen, wieviel leichter die spirituelle Arbeit ist, wenn man den Spirit in den eigenen Ahnenreihen geklärt hat.

Was daraus geworden ist, habe ich meinen Jenseitsschülern Klaus und Maria Biedermann zu verdanken. Sie waren die Ersten, die gesagt haben: „Du musst damit raus und den anderen helfen." Sie haben mir ganz viele Ahnenseminare in Bergrheinfeld ermöglicht, die bis heute laufen und ausgebucht sind.

Auch Cornelia Hempfling, die meine Organisation übernommen hat, hat nach der ersten Aufstellung, die sie miterlebt hat, sofort das Potenzial erkannt und die Aufstellung nach München gebracht. Inzwischen haben wir sowohl in Deutschland als auch in Österreich so zahlreiche Anfragen, dass ich es gar nicht mehr alleine bewältigen kann. Leider muss Cornelia sehr vielen Leuten, die die Arbeit gerne in ihre Stadt holen würden, absagen.

Was bedeutet das aber für dich, wenn du selbst gerne solche Arbeit verrichten würdest? Es werden Leute gebraucht, die genau damit nach außen gehen. Diese Art von Arbeit bedeutend in der Regel 16 Aufstellungen an einem Wochenende, wobei die meisten Aufstellungen im Schnitt eine gute Stunde benötigen. Du als Leiter eines solchen Wochenendes bist gefordert, immer zu 100% Prozent in deiner Anbindung nach oben zu sein und über eine geschulte Medialität zu verfügen. Außerdem solltest du selbstständiges Arbeiten gewohnt sein. Bist du denn das alles?

Ich glaube, wenn man entsprechend medial ist, kann man das nach mehrmaligem Zusehen definitiv, ohne von mir ausgebildet zu sein. Wichtig ist, ein Verantwortungsgefühl den Menschen gegenüber zu haben. Sie schenken dir mit ihrer Teilnahme das absolute Vertrauen, und es ist wichtig, dass du sehr emphatisch arbeitest.

Ich will dir aber auch nicht verschweigen, wie es mir nach den ersten Wochenenden ging.

Am Anfang habe ich mich in der Nacht nach so einem Wochenende sehr oft übergeben müssen und hatte drückende Kopfschmerzen. Und das, obwohl ich sonst überhaupt nicht empfindlich bin. Ich musste lernen, mich hinterher entsprechend energetisch zu reinigen und am nächsten Tag viel an die frische Luft zu gehen.

Inzwischen sind sowohl mein Körper als auch ich daran gewöhnt, trotzdem halten nach so einer Aufstellung mindestens zwei Tage eine extreme Mattigkeit und auch Müdigkeit an. Oft meide ich dann auch andere Menschen außerhalb meiner Familie, weil ich den Trubel und die Energie nicht ertrage. Nach zwei Tagen ist der Normalzustand zurück.

Trotz dieser körperlichen Herausforderung liebe ich die Ahnenarbeit, weil ich das Gefühl habe, hier wirklich etwas zu bewegen und die Menschen, die mir ihr Vertrauen schenken, nach vorne zu bringen. Das ist das größte Geschenk, das in dieser Arbeit steckt.

Bitte bedenke aber, wenn du vom gängigen Familienstellen kommst, dass du dieses nicht eins zu eins übernehmen solltest. Wichtig ist, die Bilder medial zu empfangen und dann auch die Dinge nicht nur auszusprechen, sondern auch gleich in die Heilung und Lösung zu gehen.

Ich bin dabei, für Mitte 2020 solch eine Ausbildung zu planen. Wenn ich so weit bin, werde ich es gerne auf meiner Homepage veröffentlichen. Aber ich würde mich freuen, wenn ich euch mit diesem Buch Mut gemacht hätte, diese Arbeit selbst schrittweise zu versuchen. Sie birgt eine große Verantwortung, aber du wirst dafür belohnt! So ein Wochenende schweißt eine Gruppe zusammen, man weint gemeinsam, man lacht und bildet schnell eine wunderbare Einheit. Zögere nicht, wenn du einen Ruf in diese Richtung verspürst.

Ich glaube, dass die Ahnenarbeit ein großer Schlüssel ist, um Stagnation im Leben der Menschen zu beenden.

Und wie schon in einem der Eingangskapitel erwähnt: Keine unserer Biographien ist neu, wir wiederholen ständig.

Spannend war für mich, wie diese Arbeit ein Selbstläufer wurde. Und das wird es bei dir auch, wenn du sorgfältig und vor allem bodenständig arbeitest. 16 Leute gehen beschwingt und verändert nach Hause und erzählen das ihren Freunden, Kollegen, Nachbarn und Bekannten. Ruckzuck hast du die nächste ausgebuchte Ahnenaufstellung. Das ist ein Selbstläufer, denn in spirituellen Kreisen ist Mund- zu Mundpropaganda das größte Geschenk.

Wichtig ist bei der Arbeit in diesem Bereich auch, sich ständig sorgfältig zu erden. Auch in den Pausen. Übrigens möchte ich dir ein Phänomen nicht verschweigen: An keinem Wochenende wird so viel gegessen wie an den Ahnenwochenenden. Im

Vergleich zu den anderen Seminarwochenenden fällt das regelrecht auf. Der Energieverbrauch der Teilnehmer ist wahnsinnig hoch. Aber das Positive daran ist: Man nimmt an den Ahnenaufstellungen nicht zu! Versprochen!

Die Ahnenquelle

Ich kenne keinen Menschen, zumindest im medialen Bereich, der alle Zusammenhänge zwischen uns und unseren Ahnen erfasst hat.

Es gibt wohl Leute, die mehr Übung als andere haben, einfach, weil sie sich schon länger damit befassen, aber keiner kann seine Erlebnisse bei der Heilung im Feld der Ahnen wirklich erklären. Jeder hat seine Theorien, jeder seine Gedanken dazu. Aber die Welt ist bunt, jeder muss sich seine eigene Meinung bilden.

Die Schamanen arbeiten im Medizinrad, um sich die Hilfe der Ahnen zu holen. Eine alte Methode, weit verbreitet und in meinen Augen auch mehr als interessant. Doch das ist nicht mein Fachgebiet, von daher halte ich mich hier zurück.

Viele Lehrer halten ihre Schüler an, Briefe an ihre Ahnen zu schreiben. Ich hab es probiert und bin kläglich gescheitert. Klar habe ich mich bedankt, aber dann kam schon der erste Hänger. Was soll ich meinen Ahnen schreiben? Ihr Lieben, ich bleibe am Ball, ich forsche weiter? Nehmen sie so etwas als Drohung auf? Ich weiß ja gar nicht wirklich, welches meiner Themen genau auch zu meinen Ahnen gehört?

Ihr seht, ich bin viel zu viel in den Kopf gewandert und habe die Mission *Brief an meine Ahnen* aufgegeben. Das soll nicht heißen, dass ich die Idee oder die Übung schlecht finde, aber es war einfach nicht *meine* Übung.

Du musst für dich selbst ausprobieren, mit welcher Übung du gut zurechtkommst, welche dir liegt und welche du besser sein lässt. Vielleicht liegt dir *das Briefe an deine Ahnen schreiben* ja mehr als mir. Wenn du ihn geschrieben hast, solltest du ihn auch energetisch abschicken. Die meisten verbrennen ihn dann und streuen die Asche in die Natur. Der Fantasie sind hier keine Grenzen gesetzt.

Und noch etwas ist mir sehr wichtig:

Vielleicht wurde bis hierher im Buch etwas missverstanden, deshalb wiederhole ich es nochmals gerne: Unsere Ahnen wollen uns nichts Böses. Es sind ihre Traumata, ihre nicht aufgearbeiteten Erlebnisse, die energetisch weitergereicht werden. Über die 7. Ahnen hinaus haben wir zahlreiche weitere Ahnen. Irgendwo liegt der Anfang, die sogenannte Ahnenquelle. Und genau dort ist unser Ursprung.

Am Ursprung sitzt alles auf der Nullenergie. Was bedeutet das? Es gibt noch keine Traumata, keine schwerwiegenden Erlebnisse, keine Krankheiten, die übernommen wurden. Es ist der ideale Ausgleich für Ying und Yang, männliche und weibliche Kraft in einem gesunden Körper vereint.

Natürlich kann man auch durch Meditation an diese Quelle reisen. Doch es gibt auch noch eine andere Art, um mit der Ursprungsquelle unserer Ahnen zu arbeiten.

Hier die Übung

Suche dir eine kleine Tonschale aus. Nimm sie zwischen deine Hände und bedanke dich bei ihr, dass sie die Aufgabe als Hüterin deiner Ahnenquelle übernimmt. Segne sie dafür mit deinen eigenen Worten. Dann stellst du sie auf den Tisch vor dir. Nimm jetzt ein anderes Gefäß und fülle es mit Wasser. Bedanke dich im Kopf, dass es deine Urquelle der Ahnen symbolisiert. Gieße jetzt das Wasser bewusst in die Schale der Quellenhüterin. Halte jetzt die Schale vor deinen Herzbereich und stell dir vor, wie aus deinem Herzbereich eine Regenbogenbrücke zum Wasser in deinem Gefäß fließt.

Atme jetzt bewusst sieben Mal tief ein und bitte die Quelle, einen Heilkreis um dich herum zu bilden. Lade jetzt alle deine Ahnen in diesen Heilkreis ein, über die sieben Generationen hinweg. Wirklich alle Ahnen!, und bitte sie, sich so viel Heilenergie aus der Ursprungsquelle zu nehmen, wie sie brauchen.

Die Ursprungsquelle ist voller göttlicher Liebe, voller Anbindung an die Seelenenergie, weil sie niemals den Schmerz der Trennung erfahren hat. Wir trennen uns kurz nach der Geburt von dieser intensiven Weisheit der Seele ab, erleben die Trennung von unserem göttlichen Funken, um unserem Seelenplan zu folgen. Mit der Anbindung an die Quelle für dich und deine Ahnen, mit ihrer Heilenergie verbindet ihr, du und deine Ahnen, euch jetzt wieder mit eurer eigenen, inneren Weisheit. Spüre auch du, wie dich diese Ursprungsenergie einhüllt und dich stärker mit deiner Intuition verbindet.

Stell jetzt die Schale ab.

In deiner Vorstellung darf sich jetzt dein Herzbereich öffnen und alle Schwere daraus abfließen. Spüre hinein, und du wirst fühlen, dass du Erleichterung wahrnehmen kannst. Bedanke dich bei deinen Ahnen, dass sie gemeinsam mit dir einen Heilkreis gebildet haben.

Lass bitte die Tonschale mit Wasser noch drei Tage in deinen Räumen stehen und gieße das Wasser danach in die Natur. Bedanke dich auch hier bei dem Wasser, dass es symbolisch für deine Ursprungsquelle stand, und segne es, bevor du es Mutter Natur zurückgibst.

Tiefschläge

Mit der Zeit sprach sich meine Arbeit herum, sorgte auch für eine volle Praxis. Aber es gab auch eine Schattenseite. Die Leute hofften auf ein Wunder, wenn sie zu mir kamen. Aber: Wunder – die kann ich nicht bieten. Ich kann Hilfestellung geben, sofern die Geistige Welt mir die entsprechende Tür öffnet, aber ich sehe mich weder als Heilerin noch als Zauberin.

Und es gibt auch Menschen, die nicht verstehen, dass wir mediale Menschen nur Impulse geben können. Gehen musst du deinen Weg selbst – nur du kannst eine Heilung erreichen oder zulassen. Nur du kannst JA zum Leben sagen.

Ich glaube, das ist ein wichtiger Punkt für ein glückliches Leben. Das Leben als das sehen, was es ist: Ein Geschenk. Und diesem Geschenk sollten wir voller Liebe und Demut begegnen.

Hier dazu ein Channeling, das ursprünglich zu einem Ahnenbild entstanden ist:

Ungeweinte Tränen –
voller Verlangen an die Hingabe an mich selbst.
So viele Täler durchschritten,
um die zu werden,
die ich eigentlich bin.
Ich musste mich finden,
oft blind vor meinem eigentlichen Ziel.
Am Ende bin ich gewachsen – neu geboren!
Ich bin!
Mein Lebensweg spiegelt den deinen,
Du bist ich – ich bin du.

Die Tür ist offen –
gehen wir gemeinsam durch ungewöhnliche Wege,
ausscheren aus der Masse.
Die Weiblichkeit annehmen und das Geschenk darin sehen.
Immer noch wachsen in dem Bewusstsein:
Nichts in diesem Leben ist umsonst.
Aus jedem Flügelschlag der Zeit entsteht Wachstum,
mit jedem Wimpernschlag erschaffen wir uns neu,
finden uns selbst.
Der Kreis der Liebe schließt sich.

Ha San Ta, indianische Geistführerin

Ich glaube, dieser Text drückt so viel aus, wenn wir uns auf ihn einlassen. Eine Sitzung sagt so viel, wenn du dich darauf einlassen kannst.

Nun, dieses Buch wäre nicht vollständig, wenn ich nicht auch ein paar Worte zu Sitzungen oder Ahnenaufstellungen fallen ließe, die nicht so glücklich gelaufen sind.

Bei meinem vierten oder fünften Ahnenwochenende, also noch ganz am Anfang, stellte Greta ihre männliche Ahnenreihe auf. Greta hatte ich auf einer Messe kennengelernt, und sie wollte damals ein Kurzchanneling. Ich übermittelte ihr, was kam, damit war sie allerdings gar nicht zufrieden, ich hätte ihre hohe Spiritualität nicht erkannt. Sie verließ wütend den Messestand, nicht ohne über meine Unfähigkeit zu schimpfen. Das war mal ein Messeauftakt nach Maß!

Aber schnell hatte ich so viel Arbeit, dass ich über Greta nicht mehr weiter nachdenken konnte und den Fall auch ganz schnell vergessen. Ich dachte, die sehe ich nie wieder.

Dann kam es zu einer Ahnenaufstellung an einem anderen Ort. Dort war ich weder für die Organisation zuständig, noch hatte ich vor Beginn eine Teilnehmerliste gesehen.

Umso erstaunter war ich, dass ausgerechnet Greta in dem Workshop saß. Sofort bekam hatte ich ein Druckgefühl im Kopf, war mir aber nicht sicher, ob das mein stark angekratztes Ego war, oder wirklich ein Warnsignal aus der Geistigen Welt.

Augen zu und durch, und obwohl ich kein gutes Gefühl dabei hatte, beschloss ich, Greta nicht höflichst auszuladen. Sie tat übrigens so, als hätte sie mich noch nie zuvor gesehen. Jetzt, mit viel, viel Abstand kann ich ja darüber lachen, aber an diesem Wochenende war mir nicht zum Lachen zumute.

Immer wenn jemand Greta als Stellvertreter wählte, gab es eine Show vom Feinsten. Sie brachte ihre sogenannte Medialität ein und war kaum zu bremsen. Nach den ersten beiden Aufstellungen hatte sich das allerdings schnell erledigt, denn keiner wählte sie mehr zum Stellvertreter.

Dann ging es zu ihrer eigenen Ahnenaufstellung. Ich hatte wirklich ein ungutes Gefühl, beschloss aber, jetzt nicht zu kneifen. Greta entschied sich für ihre männliche Ahnenreihe. Die ganze Ahnenreihe fiel schnell durch extreme Machtspiele auf, jeder in der Ahnenreihe wollte mehr Platz als der andere. Am Anfang war es einfach nur spannend, aber auch ein wenig komisch. Und für mich erklärte es das Wesen von Greta. Innerlich entschuldigte ich sie: Mit solch einer Ahnenreihe im Rücken hat man auch echt ein schweres Paket zu tragen.

Im Laufe der Aufstellung kamen wir dann zu ihrem 5. Ahn. Dieser wollte ihr unbedingt ein Paket übergeben, war aber nicht bereit, mir zu sagen, worum es ging. Als Greta das hörte, wollte sie unbedingt das Paket haben. Ich war skeptisch und nicht bereit, etwas weiterzugeben, was ich nicht kannte. Greta wurde wütend, dachte, ich wolle ihr einen wichtigen Baustein ihrer Spiritualität vorenthalten, weil ich Angst vor Konkurrenz hätte.

Das war heftig, ich musste wirklich schlucken und fragte mich, was für eine Prüfung die Geistige Welt da für mich bereithielt. Doch Toularion war wie so oft mein Retter in der Not. Er erklärte mir, dass in diesem Päckchen schwarzmagisches Wissen sei. In dem Moment war ich dankbar. Ich erklärte Greta, was ich gerade gehört hätte, und schlug ihr vor, dieses Paket energetisch zu löschen und alles Manipulative bewusst aus dieser Ahnenreihe zu nehmen.

Greta begann zu toben, fing an, mit mir zu diskutieren. Ich brach an dieser Stelle bewusst die Aufstellung ab, und Greta verließ wutentbrannt das Seminarzentrum. Auch das ist eine Aufstellung, die ich nie vergessen habe. Greta hat mir gezeigt, dass auch ich noch viel im Umgang mit Menschen und der Geistigen Welt lernen darf. Bis heute bin ich froh und dankbar, dass sich solch eine extreme Geschichte nicht wiederholt hat.

Wir haben übrigens in der Gruppe nach Gretas Weggehen ihre Ahnen gebeten zu gehen, und dann den Raum energetisch gereinigt und ausgeräuchert. Aber ein komisches Gefühl blieb bei uns allen zurück, und ich habe eine Weile gebraucht, bis ich das verarbeitet hatte.

Ein weiterer Fall, der gründlich in die Hose ging, war Armin.

Ich kannte ihn bis dato nicht, und erlebte ihn als einen sehr ruhigen, bedachten Menschen. Er stellte seine weibliche Ahnenreihe auf, und hier wurde ich mal wieder ordentlich geprüft.

Ab der vierten Ahnfrau unterbrach er mich ständig. Er habe Ahnenforschung betrieben, und ich würde gerade völligen Blödsinn erzählen. So ging es nahezu mit jedem Satz, den ich von mir gab. Ich begann, an mir selbst zu zweifeln, verschloss meinen Kanal, öffnete mich neu, es wurde nicht besser. Verzweiflung machte sich in mir breit, und ich begann unsicher zu werden. Doch dann kam mir sein Geistführer zu Hilfe:

„Lass dich nicht beirren, mach einfach weiter."

Etwas getröstet brachte ich diese Ahnenaufstellung zu Ende. Armin hatte sie mitgeschnitten, mein Versagen war also sogar auf Band. Ich fragte mich, was die Aufstellungsgruppe jetzt von mir dachte und war ziemlich niedergeschlagen. Doch diese stärkte mit den Rücken, sprach mir liebevoll Mut zu.

An die restlichen Aufstellungen kann ich mich bis heute nicht erinnern und weiß auch nicht, wie ich das Wochenende geschafft habe. Zum Abschluss applaudierten alle, seltsamerweise auch Armin.

Tage später erhielt ich mit Fleurop einen riesigen Blumenstrauß. Natürlich ist Neustadt nahezu ein Dorf, und die Fleurop-Botin war eine gute Bekannte von mir. Sie hatte den Text auf die Karte geschrieben, kannte ihn also. Sie grinste breit, als sie mir die Blumen überreichte. „Sag mal, Silke, hast du einen neuen Mann?", fragte sie, immer noch breit grinsend. Kopfschüttelnd öffnete ich die Karte.

„Liebe Silke, es tut mir leid, ich kann dir alles erklären, ruf mich an. Dein Armin."

Ich musste lachen, jetzt war mir klar, warum Frau Fleurop so seltsam gefragt hatte. Aber noch gespannter war ich, was Armin zu sagen hatte. Flugs wählte ich die Nummer. Armin hob auch sofort ab. Er hatte seiner Mutter die Ahnenaufstellung vorgespielt und sich ein wenig über mich lustig gemacht (er war ja am Telefon so bezaubernd ehrlich). Aber seine Mutter wurde ganz ernst und beichtete ihrem Sohn, der zu diesem Zeitpunkt 58 Jahre alt war, dass er adoptiert sei, und ich vielleicht doch mit meinen Aussagen Recht gehabt hätte.

Im Nachhinein war ich also rehabilitiert, aber wenn ich daran denke, wie es mir in dieser Aufstellung den Boden unter den Füßen weggeschlagen hat, wird mir heute noch schlecht.

Ich empfehle ja meinen Klienten gerne, ohne Erwartungen zu mir zu kommen, aber leider ist das ja fast unmöglich. Jeder möchte gerne seine Probleme im Handumdrehen gelöst haben. Eigentlich schade, dass ich das nicht kann. Natürlich gibt es auch zahlreiche Fälle, gerade in Einzelsitzungen, wo auch ich nicht weitergekommen bin.

Angst vor Wasser

Petra kam zu einer Zeit zu mir, als ich mich kaum mit Ahnenarbeit befasst hatte und ganz am Anfang meiner eigenen spirituellen Entwicklung war. Wir hatten eine gute Sitzung, mit vielen Jenseitskontakten, und die Geistige Welt hatte viele Informationen für ihren weiteren beruflichen Weg parat.

Nur eins konnte ich nicht knacken: Die panische Angst, sobald sie im Wasser nicht mehr auf dem Boden stehen konnte, oder wenn sie mit dem Kopf unter Wasser kam. Während ihrer ganzen Schulzeit brachte ihr das im Sportunterricht viel Ärger ein. In den frühen Achtzigern hatte man dafür noch nicht wirklich viel Verständnis, und so hatte sie einen langen Leidensweg hinter sich. Es tat mir unendlich leid, aber ich konnte nicht helfen.

Petra tauchte in den letzten Jahren immer mal wieder zu einer Veranstaltung auf. Sie war beruflich in ihrer neuen Selbstständigkeit regelrecht aufgeblüht, und es war schön, als Außenstehende ihre Entwicklung mitzuerleben.

Irgendwann flatterte ihre Anmeldung zur Ahnenaufstellung ins Haus. Ich freute mich sehr auf sie.

Als sie an dem Ahnenwochenende an der Reihe war, entschied sie sich aus dem Bauch heraus für ihre weibliche Linie. Dabei erzählte sie, dass sie ihre Wasserproblematik mit einer Rückführung angegangen sei. Der Rückführtherapeut hatte wirklich tolle Arbeit geleistet, meinte aber zu ihr, ihre Angst sei kein Thema aus einem Vorleben, sondern käme aus der Ahnenlinie, und deshalb war sie hier. Sie suchte sich die Teilnehmer für ihre Ahnenreihe aus, sie klopften sich ein, und dann geschah etwas Seltsames: Wirklich alle sieben Stellvertreter in dieser Ahnenreihe suchten sich einen Platz, an dem sie mit dem Gesicht zur Wand standen. Keiner schaute den anderen an, keiner nahm an dem, was in dieser Ahnenreihe geschah, teil. Auch das war wieder völliges Neuland für mich. Diese Ahnenreihe wirkte, als hätten die Ahnen miteinander überhaupt keine Verbindung.

Petra begann zu weinen: „Ausgerechnet in meiner Ahnenreihe sind die alle so leer", rief sie entsetzt aus.

Ich ging zum 7. Ahn und schaute mir die Sache an. Und schon die ersten Bilder, die kamen, hingen mit dem Thema Wasser zusammen. Ich konnte deutlich sehen, wie die 7. Ahnfrau in einer Mühle wohnte. Ihr kleiner Sohn geriet irgendwie ins Mühlrad und wurde regelrecht geköpft und gequetscht. Der kleine Körper trieb im Bach weg, und die Mutter fühlte sich so unglaublich schuldig, dass sie sich in sich zurückzog und sich auch nicht mehr um ihre Tochter, die 6. Ahnfrau, kümmerte. Die kleine Tochter, die damals bei dem Unglück ungefähr 10 Jahre alt gewesen war, hatte seit dem Tod ihres Bruders keine Mutter mehr und blieb völlig sich selbst überlassen.

Die Schuldenergien die zwischen den beiden Ahnfrauen in dieser Reihe flossen, waren heftig. Ich löschte an dieser Stelle alle Schwere und Schuld zwischen den beiden und ließ einen Teilnehmer den kleinen Jungen darstellen, der im Mühlrad umgekommen war. Dieser Stellvertreter sprach seine Mutter frei von jeder Schuld und gab Mutter und Schwester nochmals die Möglichkeit, sich voneinander zu verabschieden.

An dieser Stelle ging ein Aufatmen durch die ganze Ahnenreihe. Die Schuld hing nicht mehr wie ein drückender Grauschleier über dem Raum, alle konnten leichter atmen, und die beiden Ahnfrauen lagen sich weinend in den Armen. Auch Petra kam weinend hinzu und hieß beide Ahnfrauen in der Ahnenreihe willkommen, umarmte sie.

Eigentlich dachte ich, ich hätte diese Linie damit auf Kurs. Aber es war wie so oft: Zu früh gefreut! Denn die Bilder, die nun kamen, waren nicht minder schockierend.

Die 6. Ahnfrau konnte schon von ihrer Geburt an keine Bindung zur 5. Ahnfrau aufbauen, ihrer Tochter keinerlei Liebe oder Gefühl entgegenbringen. Die beiden Frauen standen sich wie Fremde gegenüber. Das Herz der 6. Ahnfrau war wie versteinert, und erst als wir ihr noch einmal sagten, dass sie keine Schuld am Tod ihres Bruders trifft, konnte sie die 5. Ahnfrau, also ihre Tochter, anschauen. Und wieder sollte Wasser eine Rolle spielen.

Die 5. Ahnfrau lebte total zurückgezogen und zog ihre Kinder ebenfalls ohne große Bindung auf. Kopierte genau die Prägungsphase, die sie in ihrer eigenen Kindheit erlebt hatte, auf ihre Kinder. Sie wirkte unheimlich depressiv, und schließlich stellte sich heraus, dass sie irgendwann nach der Geburt ihrer Kinder den Freitod wählte. Es war unglaublich, weil hier die Fäden von Schuld und Energie des Wassertods bei der 6. Ahnenreihe wieder auflebten. Die 5. Ahnfrau sprang ins Wasser, um zu sterben, und wieder blieben Kinder alleine zurück. Das war zum energetischen Aufräumen ziemlich starker Tobak, aber als das endlich gelöscht war, konnten sich alle Frauen in der Ahnenreihe wieder weg von der Wand drehen, und die extremen Schuldgefühle, die da immer noch hingen, endlich aus der gesamten Ahnenreihe gehen, und wir konnten uns relativ ruhig bis zu Petra hinarbeiten.

Spannend dabei war, dass sofort nach der Aufstellung ihre Höhenangst weg war, die gar nicht im Fokus der Aufstellung gestanden hatte. Aber es dauerte nach der Aufstellung noch drei Monate, bis die Angst vor dem Wasser endlich kein Thema mehr für Petra war.

Alle Anwesenden waren von dem Schmerz dieser Linie sehr berührt, und wir weinten oft mit Petra. Schließlich, am Schluss, fühlten wir uns selbst alle getragen.

Auch hier war es wieder spannend, wie die Gruppenenergie sich freisetzt und die Herzfelder aller gemeinsam schwingen lässt.

Ein kleines Schmunzeln des Universums

Ich habe in dem Buch „Dieser Schmerz ist nicht meiner" gelesen, wie ein gewisser Jeff zum Autor kam und ihm erzählte, dass er für eine Unterschlagung, die er nicht begangen hatte, jahrelang unschuldig im Gefängnis gesessen hatte. Gemeinsam mit seinem Klienten kam der Autor schließlich darauf, dass sein Großvater einen Mord begangen hatte, für diesen nie bestraft wurde und Jeff für ihn quasi die energetische Schuld abgetragen hatte.

Ich las damals diese Zeilen und dachte nur: Was für eine an den Haaren herbeigezogene Geschichte. Ja, ausgerechnet ich dachte: „Das glaubt doch kein Mensch!", und legte das Buch kopfschüttelnd zur Seite.

Das Universum wollte mich wohl zum Weiterlesen bringen, denn schon kurz darauf kam Miriam in meine Praxis – eigentlich für ein Erfolgscoaching. Wir hatten riesigen Spaß zusammen, unsere Chemie stimmte, und wir arbeiteten konzentriert an ihrem Business. Als wir zum Ende und zu unserem Abschlussgespräch kamen, sagte sie so nebenbei, dass sie mich eigentlich auch medial noch brauchen könne. Ihr Vater sei gerade nach fünfzehn Monaten Haft aus dem Gefängnis entlassen worden, seine Firma dadurch fast bankrott, und sie habe für einen Firmenkredit gebürgt, um die Firma aufzufangen.

Ich war wie elektrisiert, alle meine Alarmglocken gingen an, und so fragte ich vorsichtig: „Lass mich raten. Dein Vater saß unschuldig im Gefängnis?" Miriam starrte mich an, und dann bestätigte sie mir ungläubig, dass die Ermittlungen wirklich ergeben hatten, dass ihr Papa unschuldig, die Entschädigung für die 15 Monate Untersuchungshaft gering gewesen sei und ihr

Vater stark litt, insbesondere, weil das Dorf ihn seitdem ächtete.

Das war jetzt wirklich spannend. Sachte fragte ich, ob sie etwas über ihren Großvater väterlicherseits wusste. Sie verneinte, der wurde nie erwähnt, auch von ihrem Vater nicht. Das sei immer ein Familiengeheimnis gewesen, darüber sei nicht gesprochen worden. Auch nicht von der Oma, die recht früh geschieden worden sei. Eigentlich ein Unding für die damalige Zeit.

„Ich wette mit dir", sagte ich, nachdem ich die Bilder von der Geistigen Welt bekommen hatte, „dein Opa war Buchhalter, hat in dieser Firma Geld unterschlagen, sich bei Nacht und Nebel nach Südamerika abgeseilt und wurde nie zur Rechenschaft gezogen. Dein Papa hat energetisch die Schuld abgetragen."

Ob mir das ohne das oben genannte Buch bewusst gewesen wäre? Ich glaube nicht.

Miriam wollte mir nicht glauben, auch für sie war die Geschichte an den Haaren herbeigezogen. Ja, dafür hatte ich Verständnis.

Miriam beschloss, ihren Vater sofort danach zu fragen. Tatsächlich kam am Nachmittag ein Anruf, der alles bestätigte. Man wusste auch nicht, was später aus dem Opa geworden ist. Miriam erzählte ihrem Vater, wie sie darauf gekommen wäre und von meiner Theorie. Bis heute sind beide wohl damit beschäftigt, das Ganze zu verarbeiten, und ich freue mich, dass beide zur nächsten Ahnenaufstellung kommen.

Für mich war das wieder ein Beweis für die unendliche Größe des Universums. Ich zweifle? Na, der zeigen wir es... Sachen gibt es, die gibt es gar nicht. Und Geschehnisse in den Ahnenreihen gibt es, die werden wir wohl nie wirklich verstehen. Epigenetik hin oder her.

Zum guten Schluss

Ich schreibe hier über ein Thema, das ich selbst bis heute mit all seinen Facetten noch nicht wirklich begriffen habe. Mit jedem Aufstellungswochenende, und wenn die Leute mir hinterher ihre Erfahrungen berichten, lerne ich etwas Neues dazu. Ahnenarbeit ist niemals gleich, liefert immer verblüffende Ergebnisse und Geschichten. Viele halten mich, weil ich diese Arbeit inzwischen seit Jahren mache, für einen Profi auf diesem Gebiet. Ich glaube nicht, dass man auf diesem umfangreichen Gebiet jemals Profi sein kann. Manchmal lehrt mich eine Ahnenaufstellung, dass ich alle bisherigen Theorien, die ich gesammelt habe, mit einem Mal wieder über den Haufen werfen muss.

Und es gibt ein Gebiet, bei dem ich derzeit immer mehr Informationen durch diese Arbeit erhalte, mir aber scheinbar die Bausteine fehlen, um es zu begreifen. Nämlich: Können die ungelösten Themen unserer Ahnen wirklich Auslöser für Krankheiten ihrer Nachkommen in der heutigen Zeit sein? Spannenderweise erreichte mich ausgerechnet heute eine Mail. Den Text möchte ich hier gerne, allerdings ohne Namen zu nennen, zum Abschluss verwenden.

Guten Morgen, liebe Silke,

ich habe von einer Bekannten gehört, dass du dich mit dem Thema „Generationen-Heilen" auskennst. Ich selbst bin wie meine Mutter und Schwester an Lipödem erkrankt. Ich versuche herauszufinden, woher oder warum wir diese Krankheit haben, und letzte Woche meinte eine Bekannte beiläufig, man könne sich und sieben Generationen heilen.

Kannst du mir da weiterhelfen? Gerne auch mit Buchtipps,
Internetseiten etc. Ich bin für alles offen.
Viele liebe Grüße

Generationen-Heilen? Ein spannender Begriff, der weder von mir geprägt, noch von mir gewollt ist. Aber alles in mir spürt, dass hier bei der Ahnenarbeit noch mehr hingeschaut werden muss und man Fallbeispiele sammeln und versuchen sollte, den Rhythmus dahinter zu finden.

Ich habe schon mit Eltern Aufstellungen gemacht, bei deren Kindern Autismus diagnostiziert worden war. Oft tauchte diese Form von Krankheit in mehreren Generationen auf, und oft ist diese Krankheit auch in der Vergangenheit bei den Ahnen aufgetreten.

Aber eine Ahnenaufstellung ist kein Zauberstab und auch kein Garant, dass sich wirklich etwas verändern lässt. Wenn das der Grund ist, eine Ahnenaufstellung bei mir mitzumachen, muss ich dir sagen: Das sind die falschen Beweggründe. Beginne, weil du im Herzen fühlst, dass die Zeit dafür reif ist.

Ich weiß nicht, ob bestimmte Krankheitsbilder ahnenabhängig sind. Was ich mit Bestimmtheit aber sagen kann, ist, dass man seelische Ursachen bei Krankheiten nicht unterschätzen darf. Und die Epigenetik lehrt uns, dass wir die seelische Belastung für unsere Ahnen tragen. Aber so weit, um hier perfekte Theorien aufzustellen, bin ich nicht und werde ich voraussichtlich auch nie sein. Meine Arbeit liegt in der Medialität, ich vertraue der Geistigen Welt.

Und ich kann nur eins wiederholen: Ich liebe die Ahnenarbeit, spüre ihre reinigende Kraft und wünsche dir, dass du dich, egal, wo du gerade stehst, auf deine eigene Reise machen kannst. Wenn ich dich dazu mit diesem Buch inspirieren konnte, habe ich mein Ziel erreicht.

Herzlichst,
deine Silke

Dankeschön

Melodi Firat, Ute Jäger und **Jana Haselmeyer** für ihre wichtigen Beiträge zu diesem Buch!!!!

Was wäre eine Autorin ohne Verlag?
Ich danke meiner Verlegerin **Mara Ordemann**. Du bist etwas ganz Besonderes, aber das weißt du!
Gaby und **Ute**, ich fühle mich euch dreien nahe und verbunden.

Karl- Heinz, der mich und meine Launen ertragen muss. Besonders kurz vor Beendigung eines Buches.

Meinen Töchtern **Sarah** und **Emma**, ich danke euch für jeden gemeinsamen Augenblick. Ihr seid meine größte Liebe und meine größten Lehrer. So unterschiedlich in eurem Wesen, und doch so gleich. Ihr bringt mein Herz zum Singen.

Meine **Eltern**, die ich nach 45 Jahren immer noch verblüffen kann.

Und **sämtliche Familienmitglieder meiner riesigen Flotter-Familie:**
DANKE FÜR JEDES GEMEINSAME LACHEN, JEDES GEMEINSAME WEINEN UND, WENN ES HART AUF HART KOMMT, FÜR UNSEREN ZUSAMMENHALT!

Meine Freundinnen – was wäre ich ohne euch! Ganz besonderen Dank an Karin: Du bist immer da, wenn die Not am größten ist, und eine wunderbare Ratgeberin!!!

DANKE an Ute Jäger, Kummertante und super Astrologin...,
Heike Malik – auch wenn wir uns manchmal monatelang nicht
hören, Pia Straßer, Bettina Street-Schäfer, Birgit Becker – auch
wenn es mal ne Pause brauchte..., und, und, und.

Cornelia Hempfling, die nicht nur meine Tour-Managerin
ist, sondern zwischen uns ist auch ein besonderes Band gewachsen.

Maria und Klaus Biedermann: Durch euch habe ich erst erfahren dürfen, wie wichtig es ist, diese Ahnenarbeit nach außen
zu tragen. Ohne eure Idee, dazu Seminare anzubieten, ohne
euer Glaube an mich, wäre es nie so weit gekommen!

Anita, mein Bludenz-Engel, der mir immer den Kopf zu-
rechtrückt und dem ich so verbunden bin. Ich glaube, ich habe
hier eine Seelenschwester!

Mein bester Freund Alex mit Familie. Ich liebe euch!!!

Menschen, die mir wirklich viel bedeuten:
Andrea Kuck, Birgit Schwarz, Angela und Ralf, Dr. Hasan Al-
wari (gesucht und gefunden!), Jürgen Etzkorn, Jeanne Ruland
mit Familie, Andrea von AndreaModen.

Alle meine Schüler! Ihr seid die Besten... Wir sind so zusam-
mengewachsen, auch wenn wir hin und wieder etwas Verlust
hatten.

Jasmin Haberle, (der kein Weg zu weit ist!).

Dann gibt es drei Spirit- Männer:
Bruno Erni, Georg Huber und Martin Zoller:
Danke für eure offene Arme und die tiefe Verbundenheit!
Ihr habt einen festen Platz in meinem Herzen.

Glossar

Verschiedene Generationenbegriffe

Der Terminus „Generation" wird in der deutschen Sprache unterschiedlich verwendet. Im familiär-biologischen Bereich bezeichnet „Generation" den Personenkreis, der von einem gemeinsamen Vorfahren gleich weit entfernt ist. Dies muss nicht zwangsläufig Altersgleichheit bedeuten. So können ein Onkel und ein Neffe gleich alt sein. Von der Abstammung her gehören sie jedoch zwei verschiedenen Generationen (Kinder/ Enkel) an. Im soziologisch-geschichtlichen Bereich hingegen wird zumeist ein Personenkreis als Generation bezeichnet, der in etwa gleich alt ist und durch dieselben geschichtlichen Ereignisse geprägt wird (Nachkriegsgeneration, 68er-Generation). Aus soziologischer Sicht ist zudem das Altersstatuskonzept zu beachten. In diesem umschreibt „Generation" eine Lebensphase (jüngere Generation, mittlere Generation, ältere Generation). Nach diesem Konzept gehört ein Individuum nicht bleibend einer Generation an, sondern durchläuft mehrere Generationen beziehungsweise Lebensphasen.

Auszug aus dem Internet!
Quelle: www.bibelwissenschaft.de

Morphogenetisches Feld

Ist nichts anderes als die Aura der Erdkugel. So, wie jeder Mensch sein eigenes Energiefeld hat, so hat dies auch die Erde. Alle Ideen, Energien, ja, selbst alles Wissen ist dort gespeichert. Wir alle haben Zugriff auf dieses Feld, docken oft an, ohne es zu wissen. Deshalb erscheinen mit einem Schlag beispielsweise in den verschiedensten Verlagsvorschauen zum gleichen Zeitpunkt die gleichen Themen. Oder du hast eine zündende Idee, verwirfst sie aber. Kurze Zeit später hörst du, dass ein anderer die gleiche Idee hatte, sie umgesetzt hat und damit reich geworden ist.

Das ist schlichtweg kein Karma, sondern die Energie des Morphogenetischen Feldes.

Akasha Chronik

Die Bibliothek unseres Lebens, so ist die gängige Bezeichnung. Jedes unserer Leben ist in einem Band gespeichert. Du findest dort alles, was du erlebt, gefühlt und gelernt hast. Als Verwalter der Chroniken gilt Meister Horus. Alle unsere Seelenverträge sind neben Geburts- und Sterbedatum ebenfalls dort festgehalten. Das heißt allerdings nicht, dass du Zugriff auf alle Daten hast! Der freie Wille wenn es um Entscheidungen geht, steht nämlich über allem, somit ist der Blick in die Zukunft innerhalb der Chroniken oft schwierig. Du kannst dir die Fülle an Informationen in der Akasha Chronik als einen riesigen Datenspeicher vorstellen, der für deine Ur-Seele alles festhält.

Buchempfehlungen

Bücher, die ich euch besonders ans Herz legen möchte.

Viele Zuschriften haben mich erreicht, in denen ich um Buchtipps gebeten wurde. Ich möchte dieses in diesem Buch tatsächlich einmal umsetzen.

Es sind Bücher, die mich bewegen, aus denen ich viel gelernt habe, oder die mir die Augen geöffnet haben.

Machtbeben / Dirk Müller

Schockierend, bewegend und hat mir die Augen so geöffnet, dass ich eine wichtige Botschaft für mich mitgenommen habe: Sei achtsam und sozial AKTIV – auch außerhalb von Internet, Facebook und Co. Ein schonungsloser Blick des Autors, der mein Weltbild vollkommen erschüttert hat. Danke Dirk! Für mich besonders interessant, weil Dirk und ich aus dem gleichen badischen Dorf stammen, wir fast Nachbarn waren und ich wegen ihm meinen ersten Hausarrest hatte.

Jenseits der Logik / Bruno Erni

Bruno ist ein Herzblut-Kollege! Unglaublich, was er in diesem Buch aufzeigt. Du hast Probleme mit dem Visualisieren? Bruno hat einen Leitfaden dazu in diesem Buch, der jedem in den Sattel hilft. Und gerade in der heutigen Zeit, wo die Schiene zwischen Arm und Reich immer weiter auseinandergeht, Ängste und Zündstoff zwischen Rechts und Links geschürt werden, ist es wichtig, andere FRIEDLICHE Visionen hochzuhalten. Das sind wir unseren Kindern und dieser Welt einfach schuldig!!!

Dieser Schmerz ist nicht meiner /Mark Wollyn

Ich bin in meinem Buch schon im Kapitel WISSENSCHAFT darauf eingegangen, und ich kann es jedem nur empfehlen, der noch tiefer in die Materie einsteigen möchte.

Und alle Bücher meiner wunderbaren Kolleginnen Zora Gienger und Ava Minatti. Auch ihre Bücher sind im Smaragd Verlag erschienen, und ich schätze ihre Arbeit sowie ihre Bücher sehr. Einfach zwei wunderbare, mediale Frauen, die so herzerfrischend bodenständig sind.

Über die Autorin

Silke Wagner wurde 1973 geboren. Durch eine Lebenskrise 2009 kam sie nach langer Pause wieder mit ihrer Spiritualität in Kontakt. Das geschah so intensiv, dass Silke 2011 ihre Berufung zum Beruf machte. Fast gleichzeitig mit dem „Ja" zur Berufung trat die Atlantisenergie in ihr Leben und begeistert sie noch heute. Sie gibt ihr Wissen in zahlreichen Vorträgen, Workshops und Seminaren weiter und erfüllte sich mit der Eröffnung ihrer spirituellen Buchhandlung Zauberwolke in Neustadt/Weinstraße einen Traum.

www.die-zauberwolke.de

Silke Wagner
Der Channel-Führerschein
152 Seiten, A5, broschiert
ISBN 978-3-95531-127-8

1000-mal meditiert, 1000-mal ist nichts passiert?

Jeder ist früher oder später an dem Punkt, an dem er sich seiner eigenen Medialität bewusst wird. Aber wie trainiert man diese? Was tun, wenn einen die Meditation nicht weiterbringt?

Die Autorin verrät hier praktische Übungen, die sie mit ihren zahlreichen Schülern in etlichen Seminaren erprobt hat, und gibt dazu Tipps und Tricks für eine einfache Anwendung.

Dieses Buch hebt sich wohltuend von anderen Channel-Büchern ab, da kein Geheimnis mehr um die Praxis gemacht wird. Nicht nur interessant für Anfänger, sondern auch für Übungsgruppen und Seminarleiter.

Silke Wagner

Das 1x1 der Jenseitskontakte

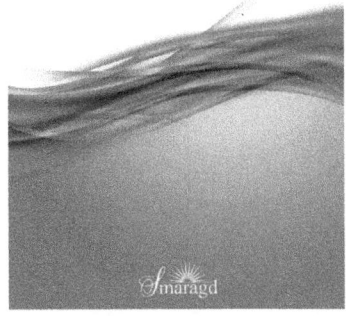

Silke Wagner
Das 1x1 der Jenseitskontakte
136 Seiten, A5, broschiert
ISBN 978-3-95531-152-0

Jeder – ohne Ausnahme! – kann Jenseitskontakte herstellen. Die Autorin gibt Übungen und Hilfestellung in ihrer Funktion als mediale Lehrerin und räumt mit Vorurteilen auf. Kontakt mit dem Jenseits ist weder unheimlich noch gefährlich, sondern uns mit der Geburt gegeben.

Die Geistige Welt hat bereitwillig die Tore geöffnet und die Schleier gelüftet. Sternenkinder, Abtreibung, Suizid sind nur einige Themen, zu denen die Autorin Stellung bezieht.

Dieses Buch spricht nicht nur Menschen an, die ihre Medialität weiterentwickeln wollen, sondern ist auch interessant für alle Skeptiker, Zweifler und besonders für diejenigen, die einen geliebten Menschen verloren haben.

Silke Wagner
Wenn die Seele zum Diktat ruft
136 Seiten, A5, broschiert
ISBN 978-3-95531-167-4

Wo sitzt die Seele eigentlich? Hat die Seele einen Namen? Wie bekomme ich Zugang zu meiner Seele, und was bedeutet Seelenplan für mich? Warum fühlen wir uns dann oft so leer und fragen uns, warum wir in einer Situation feststecken oder überhaupt leben? Wären wir glücklicher, wenn wir besser an unsere Seele angebunden wären?

Wenn die Seele zum Diktat ruft besteht aus wunderbaren Übungen, gepaart mit Selbsterkenntnis. Es ist unfreiwillig komisch, berührend und lehrreich zugleich.

Wer auf der Suche nach seinem Lebenssinn ist, kann sich hier nicht nur wiederfinden, sondern auch beim Ausführen der Übungen einen tiefen Zugang zu sich selbst finden.